La cultura estadounidense

Elena Vega-Santos

Published by Fiel LLC, 2024.

While every precaution has been taken in the preparation of this book, the publisher assumes no responsibility for errors or omissions, or for damages resulting from the use of the information contained herein.

LA CULTURA ESTADOUNIDENSE

First edition. November 14, 2024.

Copyright © 2024 Elena Vega-Santos.

ISBN: 979-8230671558

Written by Elena Vega-Santos.

Introducción: Entre Dos Mundos

El proceso de mudarse a un nuevo país nunca es sencillo, y cuando ese país es Estados Unidos, los desafíos pueden parecer abrumadores. Como hispanoamericano, probablemente ya hayas notado que las diferencias culturales van mucho más allá del idioma. Quizás te has encontrado en situaciones desconcertantes, preguntándote por qué los estadounidenses actúan de cierta manera o por qué las costumbres que siempre te parecieron naturales aquí son vistas con extrañeza. No estás solo en esta experiencia.

La transición entre culturas es como aprender a bailar un nuevo ritmo: al principio, los pasos parecen complicados y nos sentimos torpes, pero con el tiempo y la práctica, comenzamos a movernos con más naturalidad. Estados Unidos, con su peculiar mezcla de tradiciones, valores y costumbres, puede resultar particularmente desafiante para quienes venimos de culturas latinoamericanas. Donde nosotros valoramos la cercanía familiar y la comunidad, ellos celebran la independencia individual. Donde preferimos la comunicación indirecta y diplomática, ellos optan por la franqueza directa. Estas diferencias no son ni mejores ni peores, simplemente son distintas, y comprenderlas es el primer paso para navegar exitosamente en este nuevo entorno.

Este libro nace de la necesidad de tender un puente entre estas dos realidades culturales. A lo largo de sus páginas, exploraremos no solo las diferencias evidentes, sino también los matices sutiles que hacen única a la sociedad estadounidense. Abordaremos temas que van desde la importancia de la puntualidad hasta la compleja dinámica de las relaciones laborales, desde la crianza de los hijos hasta la manera de manejar las finanzas personales. Cada capítulo ha sido diseñado pensando en las preguntas y desafíos específicos que enfrentan los hispanoamericanos en su proceso de adaptación.

La experiencia de vivir entre dos mundos puede ser tanto enriquecedora como desafiante. Por un lado, tenemos la oportunidad de absorber lo mejor de ambas culturas, de ampliar nuestra perspectiva y de crecer como individuos. Por otro lado, enfrentamos el reto de mantener nuestra identidad cultural mientras nos adaptamos a un nuevo entorno. Este equilibrio delicado requiere comprensión, paciencia y estrategia.

Es importante recordar que la adaptación cultural no significa abandonar quienes somos. Al contrario, se trata de construir sobre nuestros cimientos culturales, agregando nuevas capas de comprensión y experiencia. La riqueza de nuestra herencia hispana no tiene por qué estar reñida con la adopción de aspectos positivos de la cultura estadounidense. De hecho, esta dualidad cultural puede convertirse en una de nuestras mayores fortalezas.

A medida que avancemos en este libro, descubrirás que muchos de los comportamientos que inicialmente pueden parecer extraños o incluso ofensivos tienen raíces históricas y culturales profundas. Comprenderás por qué los estadounidenses valoran tanto su espacio personal, por qué el tiempo es tratado de manera tan diferente, y por qué ciertas costumbres sociales que damos por sentado en Latinoamérica pueden no funcionar de la misma manera aquí.

También abordaremos aspectos prácticos fundamentales para el éxito en este país: cómo navegar el sistema educativo, cómo desarrollar una carrera profesional, cómo manejar las finanzas personales y cómo construir relaciones significativas con personas de diferentes orígenes culturales. Cada tema será tratado desde la perspectiva única de alguien que comprende tanto la mentalidad hispana como la estadounidense.

La clave para aprovechar al máximo esta guía es mantener una mente abierta y recordar que el proceso de adaptación cultural es gradual. No se trata de cambiar quien eres, sino de expandir tu repertorio de habilidades culturales. Algunas personas se adaptan más rápidamente que otras, y eso está bien. Lo importante es mantener una actitud de aprendizaje continuo y recordar que cada desafío cultural es una oportunidad para crecer.

A lo largo de estas páginas, encontrarás historias reales de otros hispanoamericanos que han recorrido este camino antes que tú. Sus experiencias, tanto exitosas como desafiantes, ofrecen lecciones valiosas y demuestran que es posible mantener nuestra esencia cultural mientras nos adaptamos exitosamente a la vida en Estados Unidos. Estas historias nos recuerdan que no estamos solos en este viaje y que los obstáculos que enfrentamos son parte natural del proceso de adaptación.

Este libro está diseñado para ser tanto una guía práctica como un compañero en tu viaje de adaptación cultural. Cada capítulo incluye no solo información y análisis, sino también consejos prácticos y estrategias que puedes implementar en tu vida diaria. La meta es proporcionarte las herramientas necesarias para navegar con confianza en tu nuevo entorno cultural, mientras mantienes un fuerte sentido de identidad y orgullo por tus raíces hispanas.

Al final de este viaje, esperamos que no solo te sientas más cómodo en tu nueva realidad cultural, sino que también descubras que la experiencia de vivir entre dos mundos te ha enriquecido de maneras que quizás nunca imaginaste. La capacidad de comprender y navegar diferentes culturas es una habilidad invaluable en nuestro mundo cada vez más globalizado.

Así que te invitamos a embarcarte en este viaje de descubrimiento y crecimiento. A medida que avanzamos por estos capítulos, recordemos que cada paso en el camino de la adaptación cultural nos acerca más a convertirnos en personas más completas, capaces de aprovechar lo mejor de ambos mundos mientras construimos vidas significativas y exitosas en Estados Unidos.

Los Pilares de la Cultura Estadounidense

La cultura estadounidense se construye sobre una serie de valores y creencias fundamentales que han evolucionado a lo largo de su historia. Para comprender verdaderamente cómo funciona la sociedad americana, es esencial examinar estos pilares que sostienen su estructura social y que influyen en cada aspecto de la vida cotidiana.

La libertad constituye quizás el pilar más prominente y celebrado de la cultura estadounidense. Este valor está profundamente arraigado en la historia del país, desde la Declaración de Independencia hasta la actualidad. Para los estadounidenses, la libertad no es simplemente un concepto abstracto, sino un principio que se manifiesta en múltiples aspectos de la vida diaria: la libertad de expresión, de culto, de empresa, y la libertad de perseguir la felicidad según los términos de cada individuo.

Otro pilar fundamental es la democracia, que va más allá del simple acto de votar. La cultura estadounidense valora profundamente la participación ciudadana en todos los niveles de la sociedad. Esto se refleja en las reuniones comunitarias, las asociaciones de vecinos, los consejos escolares y otras formas de organización civil que pueden resultar sorprendentes para los hispanoamericanos acostumbrados a estructuras más centralizadas.

El capitalismo y la libre empresa representan otro pilar esencial. La creencia en que cualquier persona puede alcanzar el éxito económico a través del trabajo duro y la determinación está profundamente arraigada en la mentalidad estadounidense. Este valor se manifiesta en la celebración del emprendimiento, la innovación y la competencia, aspectos que pueden contrastar con sociedades latinoamericanas donde las relaciones personales y familiares a menudo tienen más peso en el éxito profesional.

La igualdad de oportunidades constituye otro pilar fundamental, aunque su implementación en la práctica sigue siendo tema de debate.

LA CULTURA ESTADOUNIDENSE

La sociedad estadounidense se enorgullece de ser una meritocracia donde, teóricamente, cualquier persona puede alcanzar sus metas independientemente de su origen. Este ideal ha atraído a millones de inmigrantes a lo largo de la historia del país, aunque la realidad puede ser más compleja que el ideal.

El pluralismo cultural es otro elemento distintivo de la sociedad estadounidense. A diferencia de muchos países latinoamericanos que tienden a tener una cultura más homogénea, Estados Unidos se ha construido sobre la base de diferentes grupos étnicos y culturales que conviven en un mismo espacio. Este "crisol de culturas" ha creado una sociedad que, al menos en teoría, celebra la diversidad y permite la coexistencia de diferentes tradiciones y costumbres.

La separación entre iglesia y estado representa otro pilar importante, aunque puede parecer contradictorio dado el papel significativo que la religión juega en la vida pública estadounidense. Esta separación no significa que la religión no sea importante; al contrario, la libertad religiosa es fundamental, pero se mantiene como una cuestión de elección personal más que de imposición estatal.

El respeto por el estado de derecho es otro valor fundamental que puede sorprender a los recién llegados. Las leyes y regulaciones se toman muy en serio, y se espera que todos las cumplan independientemente de su posición social. Esta adherencia estricta a las normas puede parecer rígida para quienes vienen de culturas donde las reglas son más flexibles o donde las relaciones personales pueden influir en su aplicación.

La educación como vía de movilidad social constituye otro pilar esencial. Aunque el sistema educativo tiene sus desafíos, existe una creencia generalizada en el poder transformador de la educación. Esto se refleja en la importancia que se da a los estudios universitarios y en la disposición de muchas familias a endeudarse significativamente para proporcionar educación superior a sus hijos.

La innovación y el progreso tecnológico son valores profundamente arraigados en la cultura estadounidense. Existe una fascinación constante por lo nuevo y una disposición a adoptar cambios y nuevas tecnologías que puede contrastar con sociedades más tradicionales. Esta orientación hacia el futuro se refleja en múltiples aspectos de la vida diaria, desde la adopción temprana de nuevas tecnologías hasta la constante búsqueda de mejoras en procesos y sistemas.

La responsabilidad individual representa otro pilar fundamental que puede resultar desconcertante para quienes provienen de culturas más colectivistas. Los estadounidenses tienden a enfatizar la importancia de la autosuficiencia y la responsabilidad personal por el propio destino. Esto se manifiesta en aspectos como la expectativa de que los jóvenes se independicen temprano o la importancia de la planificación financiera individual.

El optimismo y la creencia en la posibilidad de mejora continua constituyen otro elemento distintivo de la cultura estadounidense. A pesar de los desafíos y obstáculos, existe una tendencia general a mantener una perspectiva positiva y a creer que las situaciones pueden mejorar con esfuerzo y determinación. Este optimismo puede parecer ingenuo a veces, pero ha sido un motor importante del progreso en la sociedad estadounidense.

Comprender estos pilares fundamentales es crucial para navegar exitosamente en la cultura estadounidense. No se trata simplemente de memorizar una lista de valores, sino de entender cómo estos principios influyen en las interacciones diarias, las expectativas sociales y las oportunidades disponibles. Para los hispanoamericanos, algunos de estos valores pueden resonar con sus propias creencias, mientras que otros pueden requerir un período de adaptación y comprensión más profunda.

Es importante recordar que estos pilares no son absolutos ni están libres de contradicciones. La sociedad estadounidense continúa debatiendo y redefiniendo estos valores en respuesta a nuevos desafíos y realidades cambiantes. Sin embargo, comprender estos fundamentos proporciona una base sólida para interpretar y navegar la cultura estadounidense de manera más efectiva.

El Individualismo Americano

El individualismo es quizás el rasgo más distintivo y fundamental de la cultura estadounidense, un concepto que frecuentemente resulta desconcertante para los hispanoamericanos que provienen de sociedades más colectivistas. Este valor cultural permea prácticamente todos los aspectos de la vida en Estados Unidos, desde las relaciones personales hasta las decisiones profesionales, y su comprensión es esencial para adaptarse exitosamente a la sociedad estadounidense.

En la cultura estadounidense, el individuo se considera la unidad básica de la sociedad, no la familia extendida o el grupo social como suele ocurrir en América Latina. Esta diferencia fundamental se manifiesta en múltiples aspectos de la vida cotidiana. Por ejemplo, es común que los jóvenes estadounidenses tomen decisiones importantes sobre su educación, carrera o relaciones personales de manera independiente, consultando a sus padres pero sin necesariamente seguir sus consejos. Para muchos latinoamericanos, esta aparente "rebeldía" puede resultar chocante, pero en realidad refleja un valor cultural profundamente arraigado.

El énfasis en la independencia personal se evidencia desde temprana edad en el sistema educativo estadounidense. Los niños son alentados a formar sus propias opiniones, a expresar sus preferencias individuales y a desarrollar un sentido de autonomía. Las escuelas fomentan el pensamiento crítico y la expresión personal, valorando las perspectivas únicas de cada estudiante. Este enfoque contrasta notablemente con los sistemas educativos latinoamericanos, que tradicionalmente han enfatizado más la conformidad y el respeto a la autoridad.

En el ámbito laboral, el individualismo se manifiesta en la expectativa de que cada persona sea responsable de su propio éxito profesional. Los estadounidenses tienden a ver sus logros y fracasos como resultado directo de sus acciones individuales, no como

LA CULTURA ESTADOUNIDENSE 9

consecuencia de circunstancias familiares o conexiones sociales. Esta mentalidad se refleja en la importancia que se da al desarrollo profesional individual, la construcción del currículum personal y la disposición a cambiar de trabajo en busca de mejores oportunidades, incluso si esto significa alejarse de la familia.

Las relaciones interpersonales también están marcadas por este individualismo. Mientras que en las culturas latinoamericanas las relaciones tienden a ser más interdependientes y los límites entre individuos más difusos, en Estados Unidos se valora mucho el espacio personal y la autonomía individual incluso dentro de relaciones cercanas. Las parejas casadas, por ejemplo, frecuentemente mantienen cuentas bancarias separadas y cultivan amistades y pasatiempos independientes, algo que puede parecer extraño desde una perspectiva latinoamericana más tradicional.

El concepto de privacidad, estrechamente ligado al individualismo, tiene un significado particular en la cultura estadounidense. Se espera que cada persona respete los límites personales de los demás, evitando preguntas demasiado directas sobre temas como el salario, el estado civil o las creencias políticas, temas que en América Latina suelen discutirse más abiertamente. Esta reserva no debe interpretarse como frialdad o falta de interés, sino como una manifestación de respeto por la autonomía individual.

El individualismo estadounidense también se refleja en la estructura de los hogares y las viviendas. Es común que los adolescentes tengan su propia habitación, que se considera un espacio privado que los padres deben respetar. Los ancianos a menudo viven solos o en comunidades para personas mayores, una práctica que puede parecer cruel desde la perspectiva latinoamericana, pero que refleja el valor cultural de la independencia personal hasta el final de la vida.

Sin embargo, es importante entender que el individualismo estadounidense no significa necesariamente egoísmo o falta de solidaridad. Los estadounidenses pueden ser muy generosos y comprometidos con sus comunidades, pero esta participación suele ser una elección personal más que una obligación social. El voluntariado, por ejemplo, es una práctica muy extendida que demuestra cómo el individualismo puede coexistir con un fuerte sentido de responsabilidad social.

Para los hispanoamericanos que se establecen en Estados Unidos, navegar este individualismo puede ser uno de los mayores desafíos culturales. Puede resultar difícil ver a los hijos tomar decisiones independientes a una edad que parece demasiado temprana, o adaptarse a un sistema donde el éxito depende más de las acciones individuales que del apoyo familiar. Sin embargo, comprender y adaptarse a este aspecto de la cultura estadounidense no significa necesariamente abandonar los valores familiares y comunitarios propios de la cultura latina.

El desafío radica en encontrar un equilibrio entre mantener los lazos familiares y culturales propios mientras se adoptan aspectos del individualismo estadounidense que pueden resultar beneficiosos. Por ejemplo, desarrollar una mayor independencia personal puede abrir nuevas oportunidades profesionales y de crecimiento, mientras que mantener fuertes conexiones familiares puede proporcionar el apoyo emocional necesario para enfrentar los desafíos de la vida en un nuevo país.

Es fundamental reconocer que el individualismo estadounidense tiene tanto fortalezas como limitaciones. Si bien puede fomentar la innovación, la iniciativa personal y la responsabilidad individual, también puede llevar al aislamiento social y al debilitamiento de los lazos comunitarios. Para los hispanoamericanos, la clave está en adoptar los aspectos positivos del individualismo mientras preservan los valores colectivos que enriquecen sus vidas y relaciones.

En última instancia, el individualismo estadounidense no debe verse como algo que hay que aceptar o rechazar en su totalidad, sino como un aspecto cultural que se puede integrar de manera selectiva y consciente en la propia experiencia de vida. Comprender sus manifestaciones y significado más profundo permite navegar más efectivamente la sociedad estadounidense mientras se mantiene una identidad cultural propia y equilibrada.

La Mentalidad del 'Sueño Americano'

El "Sueño Americano" es uno de los conceptos más poderosos y perdurables en la cultura estadounidense, una idea que ha atraído a millones de inmigrantes a lo largo de generaciones y continúa siendo una fuerza motivadora en la sociedad actual. Para los hispanoamericanos que llegan a Estados Unidos, comprender la profundidad y las implicaciones de esta mentalidad es fundamental para navegar exitosamente su nueva realidad cultural.

En su esencia, el Sueño Americano representa la creencia de que cualquier persona, independientemente de su origen, puede alcanzar el éxito y la prosperidad a través del trabajo duro y la determinación. Esta idea está profundamente arraigada en la psique estadounidense y se manifiesta en múltiples aspectos de la vida cotidiana, desde la educación hasta las decisiones profesionales y personales.

Un elemento central de esta mentalidad es la creencia en la movilidad social. A diferencia de muchas sociedades latinoamericanas, donde el estatus social puede estar más determinado por el apellido familiar o las conexiones sociales, la cultura estadounidense sostiene firmemente que cualquier persona puede "subir la escalera" social a través de su propio esfuerzo. Esta creencia se refleja en innumerables historias de éxito de personas que comenzaron con poco y alcanzaron grandes logros, desde empresarios inmigrantes hasta figuras públicas prominentes.

La educación juega un papel fundamental en la narrativa del Sueño Americano. Se ve como el gran ecualizador, la herramienta que permite a personas de orígenes humildes acceder a mejores oportunidades. Esta es una de las razones por las que muchos padres inmigrantes hacen enormes sacrificios para que sus hijos puedan obtener una educación universitaria. La idea de que la siguiente generación tendrá una vida mejor es un componente esencial de esta mentalidad.

El emprendimiento y la iniciativa personal son otros aspectos cruciales del Sueño Americano. La cultura estadounidense celebra especialmente a aquellos que toman riesgos para iniciar sus propios negocios. Para muchos inmigrantes hispanos, este aspecto resulta particularmente atractivo, ya que ven en el emprendimiento una vía para la independencia económica y el éxito personal. No es casualidad que los hispanos en Estados Unidos sean uno de los grupos demográficos con mayor tasa de creación de pequeñas empresas.

La propiedad de vivienda es otro elemento significativo en la concepción del Sueño Americano. Tener una casa propia, preferiblemente en un buen vecindario con escuelas de calidad, se considera un hito importante en el camino hacia el éxito. Este aspecto puede resonar especialmente con los valores familiares hispanos, aunque el proceso de comprar una casa en Estados Unidos puede ser muy diferente al de sus países de origen.

Sin embargo, es importante entender que el Sueño Americano también tiene sus complejidades y contradicciones. Mientras que la narrativa tradicional enfatiza que el éxito está al alcance de cualquiera que trabaje lo suficientemente duro, la realidad puede ser más complicada. Factores como la discriminación, las barreras lingüísticas y las diferencias culturales pueden presentar obstáculos significativos para los inmigrantes hispanos.

La mentalidad del Sueño Americano también puede generar una presión considerable. La expectativa de éxito constante y progreso material puede llevar a sentimientos de fracaso o inadecuación cuando las cosas no salen según lo planeado. Para los hispanoamericanos, que pueden provenir de culturas que valoran más el equilibrio entre trabajo y vida personal, esta presión por el éxito puede resultar especialmente desafiante.

Otro aspecto importante es la definición misma de éxito en el contexto del Sueño Americano. Tradicionalmente, se ha medido en términos materiales: una casa grande, un buen auto, una cuenta bancaria saludable. Sin embargo, muchos hispanos encuentran que necesitan reconciliar esta visión materialista con valores culturales que pueden enfatizar más las relaciones familiares, la satisfacción personal y el bienestar espiritual.

La mentalidad del Sueño Americano también influye en cómo se ven y se manejan los fracasos. En la cultura estadounidense, el fracaso a menudo se considera un paso necesario en el camino hacia el éxito, una oportunidad para aprender y crecer. Esta perspectiva puede contrastar con actitudes más conservadoras hacia el riesgo en algunas culturas latinoamericanas, donde el fracaso puede llevar un estigma más fuerte.

Para los hispanoamericanos que se establecen en Estados Unidos, es crucial encontrar un equilibrio entre adoptar los aspectos positivos de la mentalidad del Sueño Americano mientras mantienen sus propios valores culturales. Esto puede significar perseguir objetivos profesionales ambiciosos mientras se preservan fuertes lazos familiares, o buscar el éxito financiero sin sacrificar tradiciones y conexiones comunitarias importantes.

La realización del Sueño Americano puede tomar diferentes formas para diferentes personas. Para algunos, puede significar construir un negocio exitoso; para otros, puede ser proporcionar mejores oportunidades educativas a sus hijos o simplemente lograr una vida estable y segura. Lo importante es reconocer que no existe una única definición de éxito y que cada persona puede adaptar este ideal a sus propias circunstancias y valores.

La mentalidad del Sueño Americano sigue siendo una fuerza poderosa en la sociedad estadounidense, aunque su interpretación continúa evolucionando con cada nueva generación. Para los hispanoamericanos, entender esta mentalidad no solo ayuda a navegar mejor la cultura estadounidense, sino que también permite aprovechar las oportunidades que ofrece mientras se mantienen fieles a sus propios valores y aspiraciones.

El Concepto del Tiempo en Estados Unidos

Para muchos hispanoamericanos, uno de los ajustes más significativos al mudarse a Estados Unidos es la manera en que los estadounidenses conceptualizan y manejan el tiempo. Esta diferencia fundamental en la percepción temporal no solo afecta las interacciones diarias, sino que también puede ser fuente de malentendidos culturales significativos.

En la cultura estadounidense, el tiempo se considera un recurso sumamente valioso, casi tangible, que debe administrarse con precisión y eficiencia. Esta perspectiva se refleja en expresiones comunes como "el tiempo es dinero" o "no perder el tiempo", que revelan una mentalidad donde cada minuto tiene un valor específico y debe ser utilizado productivamente. Esta visión contrasta notablemente con la perspectiva más flexible y relacional del tiempo que prevalece en muchas culturas latinoamericanas.

Los estadounidenses tienden a seguir lo que los antropólogos llaman una concepción "monocrónica" del tiempo, donde las actividades se organizan de manera secuencial y se espera que cada tarea se complete en un marco temporal específico. Esto se manifiesta en la prevalencia de agendas, calendarios y horarios estrictos que regulan tanto la vida profesional como la personal. Las reuniones, citas y eventos sociales se programan con semanas o incluso meses de anticipación, y se espera que estos compromisos se cumplan puntualmente.

Esta estructuración rígida del tiempo puede resultar especialmente desafiante para los hispanos acostumbrados a un enfoque más "policrónico", donde múltiples actividades pueden ocurrir simultáneamente y donde las relaciones personales a menudo toman precedencia sobre los horarios establecidos. En muchos países latinoamericanos, es común que las reuniones sociales no tengan una hora de finalización definida, o que las personas lleguen a los eventos con cierto retraso sin que esto se considere una falta de respeto.

En el ámbito laboral estadounidense, la gestión eficiente del tiempo es considerada una habilidad crucial. Las reuniones comienzan y terminan puntualmente, los plazos de entrega son firmes, y se espera que los empleados maximicen su productividad durante las horas de trabajo. Los descansos y las pausas para socializar suelen estar estrictamente regulados, lo que puede contrastar con ambientes laborales más flexibles en Latinoamérica.

La planificación anticipada es otro aspecto fundamental de la concepción estadounidense del tiempo. Es común que las personas planifiquen sus vacaciones, eventos sociales y proyectos personales con meses de anticipación. Este nivel de planificación puede parecer excesivo para alguien proveniente de una cultura donde la espontaneidad y la flexibilidad son más valoradas. Sin embargo, comprender y adaptarse a esta necesidad de planificación es crucial para funcionar efectivamente en la sociedad estadounidense.

El tiempo libre y el ocio también se conceptualizan de manera diferente. En Estados Unidos, incluso las actividades recreativas tienden a estar programadas y estructuradas. Los niños participan en actividades extracurriculares con horarios específicos, las citas con amigos se programan con anticipación, y hasta el tiempo de relajación puede estar planificado en el calendario. Esta organización del tiempo libre puede contrastar con la aproximación más espontánea y fluida común en las culturas hispanas.

La puntualidad en el contexto social también merece especial atención. Mientras que en muchas culturas latinoamericanas llegar "un poco tarde" a eventos sociales es aceptable e incluso esperado, en Estados Unidos la puntualidad se valora incluso en contextos informales. Llegar tarde a una cena en casa de amigos o a una reunión social puede ser interpretado como una falta de consideración hacia el tiempo de los demás.

El manejo del tiempo en el sistema educativo estadounidense refleja igualmente esta orientación hacia la precisión y la estructura. Los estudiantes aprenden desde temprana edad a administrar su tiempo eficientemente, con horarios escolares estrictos y fechas límite firmes para las tareas y proyectos. Para los padres hispanos, adaptar a sus hijos a este sistema puede requerir un ajuste significativo en las rutinas familiares.

La tecnología juega un papel crucial en la manera en que los estadounidenses manejan el tiempo. Los calendarios digitales, las aplicaciones de productividad y los recordatorios electrónicos son herramientas comunes utilizadas para optimizar el uso del tiempo. La expectativa de respuesta inmediata a comunicaciones electrónicas, especialmente en contextos profesionales, refleja esta orientación hacia la eficiencia temporal.

La concepción estadounidense del tiempo también influye en las expectativas sobre el progreso y el desarrollo personal. Existe una fuerte presión por alcanzar ciertos hitos vitales dentro de marcos temporales específicos: graduarse de la universidad a cierta edad, establecer una carrera profesional, comprar una casa, formar una familia. Esta timeline implícita puede generar estrés en personas provenientes de culturas donde las trayectorias de vida son más flexibles.

Para los hispanoamericanos que se adaptan a la vida en Estados Unidos, encontrar un equilibrio entre estas diferentes concepciones del tiempo es fundamental. Si bien es importante adaptarse a las expectativas de puntualidad y estructura temporal de la sociedad estadounidense, también es valioso mantener aspectos de la flexibilidad y orientación relacional característica de la cultura hispana.

El éxito en la navegación de estas diferencias culturales en el manejo del tiempo a menudo requiere desarrollar un sistema personal que incorpore elementos de ambas perspectivas. Esto puede significar ser puntual y estructurado en contextos profesionales mientras se mantiene cierta flexibilidad en la vida personal y familiar. La clave está en reconocer cuándo cada aproximación es más apropiada y adaptar el comportamiento según el contexto.

La comprensión de estas diferencias en la concepción del tiempo no solo facilita la adaptación práctica a la vida en Estados Unidos, sino que también ayuda a reducir el estrés y la frustración que pueden surgir de los malentendidos culturales. Al reconocer que ninguna perspectiva temporal es inherentemente superior, sino simplemente diferente, los hispanoamericanos pueden navegar más efectivamente entre ambos mundos culturales.

La Importancia de la Puntualidad

En Estados Unidos, la puntualidad no es simplemente una cortesía, sino un valor cultural fundamental que refleja respeto, profesionalismo y consideración hacia los demás. Para muchos hispanoamericanos, adaptarse a esta estricta adherencia a los horarios puede representar uno de los mayores desafíos culturales al establecerse en este país.

La importancia de la puntualidad en la cultura estadounidense se manifiesta en todos los aspectos de la vida diaria. En el ámbito profesional, llegar tarde a una reunión, aunque sea por unos minutos, puede ser interpretado como una falta de seriedad y compromiso. De hecho, la expectativa común en muchos entornos laborales es llegar al menos cinco o diez minutos antes de la hora programada. Esta práctica, conocida como "llegar temprano es llegar a tiempo", contrasta significativamente con la flexibilidad horaria que caracteriza a muchas culturas latinoamericanas.

Las consecuencias de la impuntualidad en Estados Unidos pueden ser serias y tangibles. En el trabajo, las llegadas tarde repetidas pueden resultar en amonestaciones formales o incluso en la pérdida del empleo. En el ámbito educativo, los estudiantes que llegan tarde a clase pueden enfrentar penalizaciones académicas, y en algunos casos, ni siquiera se les permite ingresar al aula hasta el siguiente período. Las citas médicas perdidas o tardías pueden resultar en cargos por cancelación tardía, y en algunos casos, los consultorios médicos pueden negarse a reprogramar a pacientes que habitualmente llegan tarde.

La puntualidad en el contexto social, aunque algo más flexible que en entornos profesionales, sigue siendo significativamente más estricta que en América Latina. Para una cena en casa de amigos, por ejemplo, llegar más de quince minutos tarde sin avisar puede ser considerado descortés, ya que puede afectar la preparación de los alimentos y la planificación del anfitrión. En eventos sociales más formales, como bodas o graduaciones, se espera que los invitados lleguen con suficiente anticipación para estar sentados antes del inicio programado del evento.

La cultura de la puntualidad se extiende también al transporte público y los servicios. Los autobuses y trenes generalmente operan según horarios precisos, y los pasajeros deben estar en la parada o estación antes de la hora programada. Los servicios de entrega, instalación o reparación suelen proporcionar ventanas de tiempo específicas, y se espera que el cliente esté disponible durante ese período.

Para los hispanoamericanos que se están adaptando a esta cultura de la puntualidad, es útil desarrollar estrategias prácticas. Una recomendación fundamental es planificar con anticipación, considerando factores como el tráfico, el clima y posibles demoras en el transporte público. Muchos estadounidenses tienen la costumbre de verificar las condiciones del tráfico antes de salir y agregar tiempo extra para imprevistos.

El uso de herramientas tecnológicas puede ser de gran ayuda en la gestión de la puntualidad. Las aplicaciones de navegación que proporcionan estimaciones de tiempo de viaje en tiempo real, los calendarios digitales con recordatorios y las alarmas múltiples son recursos comunes utilizados para mantener un cronograma preciso. Además, muchos estadounidenses mantienen sus relojes algunos minutos adelantados como medida preventiva contra las llegadas tarde.

La comunicación también juega un papel crucial en la gestión de la puntualidad. En Estados Unidos, si se anticipa un retraso, se espera que la persona notifique lo antes posible. Esta comunicación proactiva es vista como una muestra de respeto y consideración, y puede ayudar a mitigar las consecuencias negativas de la tardanza. Sin embargo, es importante entender que avisar que se llegará tarde no necesariamente hace que la tardanza sea aceptable, especialmente en contextos profesionales.

LA CULTURA ESTADOUNIDENSE

La adaptación a esta cultura de la puntualidad requiere un cambio significativo en la mentalidad y los hábitos personales. Para muchos hispanoamericanos, esto puede significar ajustar rutinas familiares completas, como establecer horarios más tempranos para despertar, modificar los tiempos de preparación matutina y recalibrar la percepción de cuánto tiempo toman realmente las actividades cotidianas.

Es importante reconocer que la estricta adherencia a los horarios en la cultura estadounidense no es simplemente una rigidez arbitraria, sino que refleja valores culturales más profundos como el respeto por el tiempo ajeno, la eficiencia y la confiabilidad. La puntualidad se ve como una forma de demostrar profesionalismo y consideración hacia los demás, y es una habilidad crucial para el éxito en la sociedad estadounidense.

Para los niños y jóvenes que se están adaptando al sistema educativo estadounidense, aprender la importancia de la puntualidad desde temprana edad es fundamental. Las escuelas suelen tener políticas estrictas sobre las llegadas tarde, y los padres deben asegurarse de que sus hijos entiendan y cumplan con estas expectativas. Esto puede requerir ajustes significativos en las rutinas familiares y un cambio en la forma en que se conceptualiza el tiempo en el hogar.

La transición hacia una cultura de puntualidad estricta puede ser desafiante, pero es una adaptación necesaria para funcionar efectivamente en la sociedad estadounidense. Con práctica, planificación y el desarrollo de nuevos hábitos, es posible incorporar esta valoración de la puntualidad sin perder completamente la flexibilidad y calidez característica de la cultura hispana. El objetivo no es abandonar por completo los valores culturales propios, sino encontrar un equilibrio que permita navegar exitosamente en ambos contextos culturales.

El Espacio Personal y Sus Límites

El concepto de espacio personal en Estados Unidos es notablemente diferente al que existe en la mayoría de los países latinoamericanos, y entender estas diferencias es crucial para navegar exitosamente las interacciones sociales en la cultura estadounidense. Los estadounidenses tienden a mantener una "burbuja invisible" más amplia alrededor de sí mismos, y la invasión de este espacio puede causar incomodidad significativa, incluso cuando no hay mala intención.

En la cultura estadounidense, el espacio personal típicamente se extiende aproximadamente a un brazo de distancia en situaciones sociales normales. Este espacio puede variar según el contexto y la relación entre las personas, pero generalmente es más amplio que en las culturas latinoamericanas. En situaciones profesionales, la distancia puede ser aún mayor, mientras que en relaciones íntimas o familiares puede reducirse, aunque raramente tanto como en las culturas hispanas.

El contacto físico casual, tan común en las culturas latinoamericanas, puede ser percibido como invasivo o inapropiado en Estados Unidos. Los saludos efusivos con besos en la mejilla, los abrazos espontáneos o el tocar el brazo de alguien durante una conversación, gestos que son señales de calidez y cercanía en América Latina, pueden hacer que muchos estadounidenses se sientan incómodos. En su lugar, el apretón de manos firme pero breve es la forma más común de contacto físico en situaciones formales, mientras que un saludo verbal o un gesto con la mano es suficiente en contextos más casuales.

Las filas y las esperas son situaciones donde las diferencias en el concepto de espacio personal se hacen particularmente evidentes. Los estadounidenses esperan que se mantenga una distancia considerable entre personas en una fila, típicamente de al menos tres pies. Acercarse demasiado a la persona de adelante puede ser interpretado como agresivo o maleducado. En espacios como elevadores, la expectativa es

LA CULTURA ESTADOUNIDENSE 23

que las personas se distribuyan de manera equidistante, maximizando el espacio entre ellas cuando sea posible.

En el entorno laboral, el respeto por el espacio personal se extiende también al espacio de trabajo. Entrar en la oficina o cubículo de un colega sin ser invitado, inclinarse sobre su escritorio o tocar sus pertenencias personales puede ser visto como una violación significativa de las normas sociales. Es común que los trabajadores estadounidenses personalicen su espacio de trabajo con fotos y objetos personales, considerándolo un territorio privado que debe ser respetado.

Las conversaciones también tienen sus propias reglas espaciales. Los estadounidenses tienden a mantener una distancia conversacional que permite que ambas personas puedan gesticular cómodamente sin tocarse. Acercarse demasiado durante una conversación puede hacer que el interlocutor retroceda inconscientemente para restablecer su zona de confort. Este "baile" espacial puede ser desconcertante para los hispanoamericanos, que pueden interpretar erróneamente el retroceso como frialdad o rechazo.

En espacios públicos como el transporte colectivo, los estadounidenses suelen preferir sentarse solos cuando es posible, dejando un asiento vacío entre ellos y otros pasajeros. Cuando esto no es posible debido a la ocupación, se espera que se mantenga el mínimo contacto físico posible y se evite la conversación innecesaria con extraños. Esta preferencia por el espacio personal incluso en situaciones de proximidad forzada puede parecer fría o antisocial desde una perspectiva latinoamericana.

Las reuniones sociales en hogares estadounidenses también reflejan esta necesidad de espacio personal. Es común que los anfitriones organicen el mobiliario de manera que permita a los invitados mantener distancias cómodas entre sí. Las sillas y sofás suelen distribuirse de forma que nadie se vea obligado a sentarse demasiado cerca de otros, a menos que elijan hacerlo. Esta disposición contrasta con las reuniones latinoamericanas, donde la proximidad física es vista como una señal de intimidad y camaradería.

Para los niños que crecen en Estados Unidos, el respeto por el espacio personal se enseña desde temprana edad en las escuelas. Se les instruye sobre la importancia de "mantener las manos para sí mismos" y respetar los límites físicos de otros. Esta educación temprana sobre los límites personales forma parte integral de la socialización en la cultura estadounidense y puede crear desafíos para los padres hispanos que están acostumbrados a expresar afecto de manera más física.

Las diferencias en el concepto de espacio personal pueden ser particularmente desafiantes en relaciones románticas interculturales. Las muestras públicas de afecto, que pueden ser comunes y aceptadas en muchos países latinoamericanos, son generalmente más limitadas en Estados Unidos. Incluso las parejas tienden a mantener una mayor distancia física en público, y las demostraciones excesivas de afecto pueden ser vistas como inapropiadas.

La adaptación a estas normas espaciales requiere consciencia y práctica constante. Para los hispanoamericanos, puede ser útil observar cuidadosamente las reacciones de los demás y ajustar su comportamiento en consecuencia. Es importante recordar que las diferencias en el manejo del espacio personal no reflejan frialdad o falta de amabilidad, sino simplemente diferentes normas culturales sobre la comodidad física y el respeto interpersonal.

El contexto también es importante al navegar estas diferencias culturales. En comunidades con fuerte presencia hispana, las normas pueden ser más flexibles y puede existir una mayor tolerancia hacia diferentes estilos de interacción física. Sin embargo, en entornos predominantemente anglosajones, adherirse a las expectativas estadounidenses sobre el espacio personal puede ser crucial para la integración social y profesional exitosa.

La clave para manejar estas diferencias culturales es mantener un equilibrio entre adaptar el comportamiento propio a las normas locales mientras se preserva la autenticidad cultural. No se trata de suprimir completamente la expresividad física natural de la cultura hispana, sino de modularla según el contexto y las personas involucradas. Con el tiempo, muchos hispanoamericanos desarrollan la habilidad de alternar fluidamente entre diferentes estilos de interacción física, adaptándose a las expectativas culturales de cada situación mientras mantienen su identidad cultural.

El Arte de Decir 'No'

En la cultura latinoamericana, decir "no" directamente puede considerarse grosero o descortés, y a menudo recurrimos a respuestas indirectas o excusas elaboradas para evitar herir sentimientos. Sin embargo, en Estados Unidos, el arte de decir "no" es una habilidad fundamental que se considera necesaria para establecer límites saludables en las relaciones personales y profesionales.

Los estadounidenses valoran la honestidad y la claridad en la comunicación, y esto se extiende a la capacidad de rechazar peticiones o invitaciones de manera directa pero respetuosa. Esta diferencia cultural puede resultar especialmente desafiante para los hispanos, quienes a menudo sienten que un "no" directo puede dañar las relaciones o parecer desconsiderado.

En el contexto estadounidense, decir "no" no se interpreta como una falta de respeto o un rechazo personal. Por el contrario, se ve como una muestra de respeto hacia el tiempo y los recursos propios y ajenos. Cuando alguien dice "no" en Estados Unidos, generalmente se aprecia la honestidad y la rapidez en la respuesta, en lugar de mantener a la otra persona en un estado de incertidumbre o crear falsas expectativas.

Es importante entender que en la cultura estadounidense, el "no" puede venir en diferentes formas, todas igualmente aceptables. Un simple "No, gracias" es perfectamente apropiado en muchas situaciones. En contextos más formales o profesionales, se puede elaborar un poco más: "Aprecio la invitación, pero no podré asistir" o "Gracias por pensar en mí, pero en este momento no puedo comprometerme con ese proyecto".

Los estadounidenses también respetan cuando alguien dice "no" sin necesidad de dar explicaciones detalladas. Mientras que en la cultura latina podríamos sentir la necesidad de justificar extensamente nuestra negativa, en Estados Unidos no existe tal expectativa. De hecho, dar demasiadas explicaciones o excusas puede interpretarse como falta de sinceridad o como una señal de que la persona se siente incómoda con su decisión.

En el ambiente laboral, la capacidad de decir "no" es particularmente valorada. Los empleadores estadounidenses esperan que sus trabajadores sean capaces de comunicar claramente cuando una tarea está más allá de sus capacidades actuales o cuando su carga de trabajo no les permite asumir responsabilidades adicionales. Este tipo de honestidad se ve como una señal de profesionalismo y autoconocimiento, no como una debilidad o falta de compromiso.

Para muchos hispanos, aprender a decir "no" en el contexto estadounidense requiere práctica y un ajuste consciente en su forma de comunicarse. Es común sentir ansiedad o culpa al principio, especialmente cuando se trata de rechazar invitaciones sociales o peticiones de ayuda. Sin embargo, es importante recordar que establecer límites claros es fundamental para mantener relaciones saludables y un equilibrio personal en la cultura estadounidense.

Una estrategia útil para adaptarse a esta diferencia cultural es comenzar practicando el "no" en situaciones de bajo riesgo. Por ejemplo, cuando un vendedor en una tienda ofrece ayuda adicional o cuando alguien propone planes que realmente no nos interesan. Gradualmente, se puede ir ganando confianza para aplicar esta habilidad en situaciones más importantes o delicadas.

También es crucial entender que decir "no" no significa cerrar permanentemente una puerta. Los estadounidenses aprecian cuando se ofrece una alternativa o se muestra disposición para futuras oportunidades. Por ejemplo: "No puedo asistir esta vez, pero me encantaría participar en la próxima ocasión" o "Ahora mismo mi agenda está completa, pero podríamos revisarlo el próximo mes".

En el contexto familiar, especialmente en familias hispanas que viven en Estados Unidos, el arte de decir "no" puede generar tensiones intergeneracionales. Los hijos, que crecen absorbiendo la cultura estadounidense, pueden adoptar más fácilmente esta forma directa de comunicación, mientras que los padres y abuelos pueden interpretarla como una falta de respeto o consideración. Es importante mantener conversaciones abiertas sobre estas diferencias culturales y encontrar un equilibrio que respete tanto los valores familiares como la necesidad de adaptarse al entorno cultural estadounidense.

El arte de decir "no" también se extiende a situaciones donde nos sentimos presionados a participar en actividades que nos hacen sentir incómodos o que van en contra de nuestros valores. En la cultura estadounidense, respetar los límites personales es fundamental, y nadie debería sentirse obligado a hacer algo que no desea, incluso si esto significa decepcionar a otros.

Es importante recordar que decir "no" de manera efectiva no significa ser descortés o brusco. La clave está en mantener un tono amable y profesional, ser directo pero considerado, y mantenerse firme en la decisión una vez tomada. Los estadounidenses respetan a quienes pueden establecer y mantener límites claros, ya que esto demuestra autoconocimiento y respeto tanto por uno mismo como por los demás.

El proceso de adaptación a esta diferencia cultural puede llevar tiempo, y está bien cometer errores en el camino. Lo importante es recordar que en Estados Unidos, un "no" honesto y directo es preferible a un "sí" reluctante o a una respuesta ambigua que genere confusión o malentendidos.

Finalmente, dominar el arte de decir "no" en el contexto estadounidense no significa abandonar por completo nuestra sensibilidad cultural latina. Se trata más bien de desarrollar la capacidad de navegar entre ambas culturas, sabiendo cuándo y cómo aplicar diferentes estilos de comunicación según el contexto y las personas involucradas. Esta flexibilidad cultural nos permite mantener relaciones auténticas y saludables tanto en nuestras comunidades hispanas como en el entorno estadounidense más amplio.

La Cultura del 'Small Talk'

El "small talk" o charla casual es uno de los aspectos más distintivos y, a la vez, más desconcertantes de la cultura estadounidense para muchos hispanoamericanos. Esta práctica, que puede parecer superficial o innecesaria desde nuestra perspectiva cultural, es en realidad una herramienta social fundamental en Estados Unidos que cumple múltiples funciones en la vida cotidiana.

En la cultura estadounidense, el "small talk" es mucho más que una simple conversación trivial sobre el clima o el tráfico. Es una forma de establecer conexiones iniciales, mostrar cordialidad y crear un ambiente cómodo antes de abordar temas más sustanciales. Para los estadounidenses, esta práctica representa una forma de cortesía social y una manera de reconocer la presencia del otro sin invadir su privacidad, un valor muy apreciado en esta cultura.

A diferencia de la cultura latina, donde las conversaciones tienden a volverse personales rápidamente y donde compartir detalles íntimos de la vida puede ser común incluso con desconocidos, el "small talk" estadounidense sigue reglas no escritas pero bien definidas. Los temas típicos incluyen el clima, deportes, eventos locales, planes para el fin de semana, y observaciones generales sobre situaciones compartidas. Es importante notar que estos temas aparentemente superficiales sirven como punto de partida para evaluar el nivel de interés mutuo en una interacción más profunda.

En el ambiente laboral, el "small talk" es particularmente importante. Los estadounidenses suelen comenzar las reuniones de trabajo con unos minutos de conversación casual antes de abordar los temas de agenda. Este momento no es una pérdida de tiempo, como podría parecer desde nuestra perspectiva latina, sino una inversión en las relaciones profesionales. Ayuda a crear un ambiente más relajado y facilita la transición hacia temas más serios o complejos.

Una de las características más notables del "small talk" estadounidense es su naturaleza optimista. Se espera que las respuestas sean generalmente positivas o, al menos, neutrales. Por ejemplo, cuando alguien pregunta "How are you?" (¿Cómo estás?), la respuesta esperada suele ser "Fine, thank you" o "Great", incluso si no nos sentimos particularmente bien. Esto no significa que los estadounidenses sean superficiales o falsos, sino que entienden esta interacción como un ritual social más que como una pregunta literal sobre nuestro estado de ánimo.

Para muchos hispanoamericanos, puede resultar frustrante o incluso artificial mantener conversaciones que parecen no llegar a ninguna parte. Sin embargo, es importante entender que el "small talk" en Estados Unidos funciona como un mecanismo de construcción gradual de confianza. A través de estas interacciones aparentemente superficiales, los estadounidenses evalúan la compatibilidad social y profesional antes de aventurarse en relaciones más profundas.

El "small talk" también sirve como una herramienta de networking, especialmente en contextos profesionales y sociales. Los estadounidenses son expertos en usar estas conversaciones casuales para establecer conexiones que más tarde pueden resultar útiles en sus carreras o vidas personales. Durante eventos sociales, conferencias o incluso en el gimnasio, el "small talk" puede abrir puertas a oportunidades profesionales o personales inesperadas.

Un aspecto importante del "small talk" es saber cuándo y cómo terminarlo. Los estadounidenses han desarrollado frases y gestos sutiles que indican el fin de una conversación casual sin parecer groseros. Expresiones como "Well, I should let you go" o "It was nice talking to you" son formas educadas de concluir la interacción. Para los hispanoamericanos, que estamos acostumbrados a despedidas más elaboradas y extensas, esta forma de terminar una conversación puede parecer abrupta, pero es completamente normal y aceptable en la cultura estadounidense.

Es crucial entender que existen temas que generalmente se evitan durante el "small talk", especialmente en entornos profesionales o con personas que no conocemos bien. Política, religión, problemas personales serios, dinero y otros temas controvertidos suelen estar fuera de los límites de estas conversaciones casuales. Esto contrasta con la cultura latina, donde estos temas pueden surgir más naturalmente incluso en conversaciones iniciales.

Para dominar el arte del "small talk", es útil desarrollar un repertorio de temas seguros y preguntas abiertas que puedan adaptarse a diferentes situaciones. Mantenerse informado sobre eventos locales, deportes populares y temas de actualidad general (excluyendo controversias) puede proporcionar material valioso para estas conversaciones. También es importante practicar el arte de escuchar activamente y mostrar interés genuino, incluso cuando los temas puedan parecer triviales.

Una estrategia efectiva es observar cómo los estadounidenses nativos manejan estas interacciones. Presta atención a sus patrones de conversación, los temas que eligen, el tono que utilizan y cómo transicionan entre diferentes temas. Con el tiempo, estas observaciones pueden ayudarte a desarrollar un estilo propio que se sienta natural y auténtico mientras cumple con las expectativas culturales estadounidenses.

El "small talk" también varía según el contexto regional en Estados Unidos. En el sur del país, por ejemplo, estas conversaciones tienden a ser más extensas y personales que en el noreste, donde pueden ser más breves y formales. Adaptarse a estos matices regionales puede ayudar a navegar mejor las interacciones sociales en diferentes partes del país.

Para los hispanoamericanos que están aprendiendo inglés, el "small talk" puede servir como una excelente oportunidad para practicar el idioma en situaciones de bajo riesgo. Estas conversaciones suelen seguir patrones predecibles y utilizan vocabulario común, lo que las hace ideales para ganar confianza en el uso del inglés conversacional.

Finalmente, es importante recordar que dominar el arte del "small talk" no significa abandonar nuestra forma natural de relacionarnos con los demás. Se trata más bien de añadir una nueva herramienta a nuestro repertorio de habilidades sociales, una que nos permitirá navegar más efectivamente en el contexto cultural estadounidense mientras mantenemos nuestra autenticidad cultural.

Saludos y Presentaciones

Los saludos y presentaciones en Estados Unidos pueden parecer inicialmente simples o incluso fríos para los hispanoamericanos, acostumbrados a interacciones más cálidas y físicas. Sin embargo, estos rituales sociales están cargados de significado cultural y siguen patrones específicos que es importante comprender para navegar exitosamente en la sociedad estadounidense.

En Estados Unidos, el saludo más común es un simple "hi" o "hello", generalmente acompañado de una sonrisa y, en contextos profesionales o formales, un apretón de manos firme pero breve. Este apretón de manos es particularmente importante en el mundo profesional, donde se considera una señal de confianza y profesionalismo. A diferencia de muchos países latinoamericanos, donde los besos en la mejilla son comunes incluso en primeros encuentros, en Estados Unidos el contacto físico inicial se limita generalmente al apretón de manos.

Las presentaciones siguen un protocolo relativamente sencillo pero específico. Cuando se presenta a alguien o uno mismo, se espera que se mencione el nombre claramente y, en situaciones profesionales, se incluya también el apellido. Es común añadir una breve información contextual, como "I work in marketing" o "I'm Sarah's neighbor". Los estadounidenses aprecian cuando las personas son directas y claras en sus presentaciones, evitando introducciones demasiado elaboradas o extensas.

Un aspecto que suele sorprender a los hispanoamericanos es la rapidez con la que los estadounidenses pasan a utilizar el primer nombre en las interacciones. Incluso en ambientes profesionales, es común que las personas se llamen por su nombre de pila poco después de conocerse. Esto refleja el valor cultural del igualitarismo en la sociedad estadounidense, aunque existen excepciones en ciertos contextos formales o cuando se trata con personas de mayor jerarquía o edad significativamente mayor.

La distancia física durante los saludos y presentaciones también es un elemento cultural importante. Los estadounidenses tienden a mantener un espacio personal más amplio que los latinoamericanos, generalmente alrededor de un brazo de distancia. Invadir este espacio, incluso con intenciones amistosas, puede hacer que un estadounidense se sienta incómodo. Esta preferencia por un mayor espacio personal se mantiene incluso en conversaciones casuales y encuentros sociales.

Las fórmulas de cortesía en los saludos estadounidenses incluyen preguntas como "How are you?" o "How's it going?", pero es importante entender que estas preguntas son más un ritual social que una invitación a compartir detalles sobre nuestro estado real. La respuesta esperada es breve y positiva, como "Fine, thank you" o "Great, thanks", seguida de la misma pregunta en retorno. Esta práctica puede parecer superficial para los hispanoamericanos, pero es una parte importante del protocolo social estadounidense.

En el ambiente laboral, las presentaciones tienden a ser más formales y estructuradas. Es común que alguien actúe como intermediario para presentar a nuevos colegas o socios comerciales. En estas situaciones, se espera que se mencionen los títulos profesionales relevantes y una breve descripción del rol o la experiencia de cada persona. Sin embargo, incluso en estos contextos formales, la interacción mantiene un tono relativamente relajado y directo.

Un aspecto particular de la cultura estadounidense es la importancia de recordar y usar los nombres de las personas después de ser presentados. Esto se considera una muestra de respeto y atención. Si no se está seguro de haber entendido correctamente el nombre de alguien, es perfectamente aceptable y hasta apreciado pedir que lo repitan o aclaren su pronunciación. Los estadounidenses están acostumbrados a que sus nombres puedan resultar difíciles para personas de otros orígenes y generalmente aprecian el esfuerzo por pronunciarlos correctamente.

LA CULTURA ESTADOUNIDENSE

Las despedidas en la cultura estadounidense tienden a ser más breves y menos elaboradas que en la cultura latina. Un simple "goodbye" o "see you later", acompañado quizás de un breve gesto con la mano, es suficiente en la mayoría de las situaciones. No es necesario, ni común, realizar múltiples rondas de despedidas como puede ser costumbre en algunos países latinoamericanos.

En eventos sociales o networking, es común intercambiar tarjetas de presentación después de una conversación inicial positiva. Este intercambio se realiza de manera casual pero respetuosa, y se espera que se tome un momento para leer la información en la tarjeta recibida y hacer algún comentario al respecto o guardarla cuidadosamente, mostrando así respeto por la información compartida.

Los saludos y presentaciones entre personas de diferentes géneros merecen una mención especial. En el ambiente profesional estadounidense, se espera que las interacciones sean igualitarias y profesionales, independientemente del género. El apretón de manos es apropiado entre cualquier combinación de géneros, y no es común ni esperado que los hombres tengan deferencias especiales hacia las mujeres en situaciones profesionales, como podría ser costumbre en algunos países latinoamericanos.

Es importante mencionar que existen variaciones regionales en los Estados Unidos en cuanto a la formalidad de los saludos y presentaciones. Por ejemplo, en el sur del país, las interacciones tienden a ser más cálidas y elaboradas, pudiendo incluir conversaciones más extensas incluso en primeros encuentros. En contraste, en ciudades grandes del norte, los saludos suelen ser más breves y directos.

La pandemia de COVID-19 ha introducido nuevas formas de saludo que se han vuelto comunes y aceptables, como el choque de codos o el simple gesto de asentimiento con la cabeza. Estas alternativas al apretón de manos tradicional han sido ampliamente adoptadas y probablemente permanecerán como opciones aceptables en muchos contextos.

Para los hispanoamericanos que se están adaptando a la cultura estadounidense, es importante recordar que aunque los saludos y presentaciones puedan parecer menos cálidos o personales que en nuestros países de origen, tienen su propia forma de expresar respeto y cordialidad. La clave está en encontrar un balance entre adaptarse a estas normas culturales mientras se mantiene la autenticidad personal.

La Familia Estadounidense

La familia estadounidense moderna ha experimentado transformaciones significativas en las últimas décadas, alejándose del modelo tradicional que muchos hispanoamericanos pueden tener como referencia. Esta evolución refleja cambios profundos en la sociedad estadounidense y presenta características distintivas que vale la pena comprender para navegar mejor las relaciones sociales en este país.

Una de las características más notables de la familia estadounidense contemporánea es su diversidad estructural. Ya no existe un modelo único predominante como lo fue la familia nuclear tradicional de los años cincuenta. Hoy en día, las familias pueden estar compuestas por padres solteros, parejas del mismo sexo, familias reconstituidas con hijos de matrimonios anteriores, o parejas que deciden no tener hijos. Esta diversidad es generalmente aceptada y respetada en la sociedad estadounidense, aunque las actitudes pueden variar según la región y el contexto social.

La dinámica dentro de las familias estadounidenses tiende a ser más igualitaria que jerárquica. Los roles de género tradicionales se han difuminado significativamente, con ambos padres frecuentemente compartiendo responsabilidades tanto en la crianza de los hijos como en el mantenimiento del hogar. Es común que ambos padres trabajen fuera de casa, y las decisiones importantes suelen tomarse en conjunto, consultando incluso a los hijos cuando tienen edad suficiente para participar en las discusiones familiares.

La independencia es un valor fundamental en la familia estadounidense. Desde temprana edad, se anima a los niños a desarrollar su autonomía y tomar sus propias decisiones. Esto puede resultar sorprendente para familias hispanas, donde la interdependencia y la toma de decisiones colectiva son más valoradas. Los padres estadounidenses tienden a ver su rol principal como guías que preparan a sus hijos para ser adultos independientes, más que como protectores que toman todas las decisiones por ellos.

Las relaciones entre padres e hijos adultos también tienen características particulares. Una vez que los hijos alcanzan la mayoría de edad, generalmente se espera que se muden fuera de casa, ya sea para ir a la universidad o para comenzar su vida independiente. Esta práctica, que puede parecer prematura o innecesaria desde una perspectiva hispana, es vista como un paso natural y saludable en el desarrollo personal. Los padres estadounidenses suelen sentir que han cumplido exitosamente su rol cuando sus hijos pueden mantenerse por sí mismos.

La comunicación dentro de la familia estadounidense tiende a ser más directa y menos formal que en muchas familias hispanas. Los niños son animados a expresar sus opiniones y sentimientos abiertamente, incluso cuando difieren de los de sus padres. El respeto se demuestra más a través de la consideración mutua y la comunicación honesta que a través de la deferencia jerárquica tradicional.

Las celebraciones familiares también reflejan valores culturales distintivos. Mientras que en la cultura hispana las reuniones familiares extensas son frecuentes y espontáneas, las familias estadounidenses tienden a reunirse en ocasiones más específicas y planificadas, como días festivos importantes o celebraciones especiales. Estas reuniones suelen ser más estructuradas y pueden requerir coordinación anticipada, especialmente considerando que los miembros de la familia frecuentemente viven en diferentes ciudades o estados.

El concepto de familia extendida tiene un papel diferente en la cultura estadounidense. Mientras que en las culturas hispanas los tíos, primos y otros parientes suelen tener una presencia constante en la vida diaria, en Estados Unidos estas relaciones, aunque valoradas, tienden a ser más distantes y menos involucradas en las decisiones familiares cotidianas. Las familias nucleares funcionan como unidades más autónomas, manteniendo contacto regular pero menos intenso con la familia extendida.

LA CULTURA ESTADOUNIDENSE   39

La crianza de los hijos en las familias estadounidenses enfatiza el desarrollo de habilidades prácticas y la independencia emocional. Es común que los niños tengan responsabilidades domésticas desde pequeños, reciban una mesada por realizar tareas específicas, y sean animados a participar en actividades extracurriculares que desarrollen sus intereses individuales. El objetivo es formar individuos capaces de funcionar de manera autónoma en la sociedad.

Las tradiciones familiares en Estados Unidos a menudo incorporan elementos de diferentes culturas, reflejando la naturaleza multicultural de la sociedad. Muchas familias crean sus propias tradiciones únicas, combinando elementos de su herencia cultural con prácticas estadounidenses. Esta flexibilidad en la creación y adaptación de tradiciones es característica de la cultura familiar estadounidense.

La gestión del tiempo familiar también tiene sus particularidades. Las familias estadounidenses tienden a programar y estructurar el tiempo familiar, incluyendo actividades recreativas y tiempo de calidad. El concepto de "family time" es importante y suele ser planificado conscientemente, en contraste con el enfoque más espontáneo común en las culturas hispanas.

Las expectativas sobre el apoyo financiero entre generaciones también difieren. En general, se espera que los hijos adultos sean financieramente independientes de sus padres, y no es común que los padres mayores dependan económicamente de sus hijos. Esto no significa que no exista apoyo mutuo, sino que este tiende a ser más circunstancial que sistemático.

Para las familias hispanas que se establecen en Estados Unidos, comprender estas diferencias culturales en la estructura y dinámica familiar es crucial. No se trata de abandonar los valores familiares propios, sino de encontrar un equilibrio que permita mantener lo mejor de ambas culturas mientras se navega exitosamente en el contexto social estadounidense. Muchas familias hispanas logran crear un modelo híbrido que conserva la calidez y cercanía características de su cultura de origen mientras adoptan aspectos prácticos de la cultura familiar estadounidense que facilitan su integración y éxito en su nuevo entorno.

El Rol de los Abuelos

En la cultura estadounidense, el rol de los abuelos presenta características distintivas que pueden resultar sorprendentes para muchas familias hispanas. Mientras que en la cultura latina los abuelos suelen ser figuras centrales en la vida familiar cotidiana, en Estados Unidos su papel tiende a ser más periférico aunque no menos significativo.

Los abuelos estadounidenses típicamente mantienen una distancia respetuosa en la crianza de sus nietos, reconociendo la autonomía de sus hijos adultos como padres principales. Esta dinámica contrasta notablemente con el modelo hispano, donde los abuelos frecuentemente participan activamente en las decisiones diarias sobre la crianza de los nietos. En la cultura estadounidense, los abuelos suelen esperar a ser invitados a participar o a dar consejos, en lugar de ofrecerlos espontáneamente.

La frecuencia de contacto entre abuelos y nietos también difiere significativamente. Mientras que en las culturas hispanas es común que los abuelos vean a sus nietos casi diariamente, en Estados Unidos las visitas tienden a ser más espaciadas y planificadas. Esto se debe en parte a la movilidad geográfica característica de la sociedad estadounidense, donde es común que las familias vivan en diferentes estados. Las interacciones a menudo se programan durante vacaciones, fines de semana especiales o celebraciones importantes.

El concepto de vivir con los abuelos o tenerlos cerca de casa es menos común en la cultura estadounidense. Mientras que en muchas familias hispanas es natural que los abuelos vivan en la misma casa o en el mismo vecindario, en Estados Unidos existe una fuerte preferencia cultural por mantener hogares separados. Los abuelos estadounidenses generalmente valoran su independencia y prefieren vivir por su cuenta mientras su salud se los permite.

La tecnología juega un papel crucial en mantener las conexiones entre abuelos y nietos en la cultura estadounidense. Las videollamadas, mensajes de texto y redes sociales se han convertido en herramientas esenciales para mantener relaciones cercanas a pesar de la distancia física. Muchos abuelos estadounidenses son tecnológicamente competentes y utilizan estas herramientas para participar en la vida de sus nietos de manera regular.

El rol de los abuelos como cuidadores también presenta diferencias significativas. Mientras que en las culturas hispanas es común que los abuelos cuiden regularmente a sus nietos mientras los padres trabajan, en Estados Unidos este arreglo es menos frecuente. Cuando ocurre, suele ser más estructurado y formal, a menudo con horarios establecidos y expectativas claras. Muchas familias estadounidenses optan por guarderías o niñeras profesionales incluso cuando los abuelos están disponibles.

Los abuelos estadounidenses suelen enfocarse en crear momentos especiales y memorables con sus nietos más que en participar en su cuidado diario. Pueden planear actividades específicas, viajes o tradiciones únicas que se convierten en parte importante de la relación abuelo-nieto. Este enfoque en la calidad del tiempo compartido sobre la cantidad refleja valores culturales más amplios sobre la independencia y la estructuración del tiempo.

Las expectativas sobre el apoyo financiero también difieren. En la cultura estadounidense, no se espera que los abuelos contribuyan significativamente al sustento económico de sus nietos, aunque muchos eligen hacerlo a través de fondos educativos o regalos ocasionales. La responsabilidad financiera principal recae claramente en los padres, a diferencia de algunas culturas hispanas donde el apoyo económico entre generaciones es más fluido.

La autoridad de los abuelos en la familia estadounidense tiende a ser más consultiva que directiva. Su sabiduría y experiencia son valoradas, pero se espera que respeten los límites y decisiones establecidos por los padres. Esto puede crear tensiones en familias hispanas que se adaptan a la vida en Estados Unidos, donde los abuelos pueden sentir que su rol tradicional de autoridad familiar se ve disminuido.

Los abuelos estadounidenses a menudo encuentran formas creativas de mantener conexiones significativas con sus nietos mientras respetan la autonomía de la familia nuclear. Pueden establecer tradiciones especiales, como viajes anuales, proyectos compartidos o actividades regulares que realizan juntos. Estas tradiciones ayudan a crear vínculos fuertes mientras mantienen los límites culturalmente apropiados.

La expresión del afecto entre abuelos y nietos también puede variar. Mientras que en las culturas hispanas las demostraciones físicas de afecto son abundantes y esperadas, en la cultura estadounidense pueden ser más moderadas. Sin embargo, esto no indica menor amor o conexión emocional, sino diferentes formas de expresar el cariño.

Para las familias hispanas que se establecen en Estados Unidos, comprender estas diferencias en el rol de los abuelos puede ayudar a navegar las expectativas culturales y familiares. Muchas familias logran crear un equilibrio exitoso, manteniendo aspectos importantes de su tradición cultural mientras se adaptan a las normas estadounidenses. Los abuelos pueden seguir siendo figuras fundamentales en la vida familiar, pero su participación puede requerir ajustes en comparación con sus expectativas tradicionales.

La evolución del rol de los abuelos en la sociedad estadounidense continúa adaptándose a medida que las familias se vuelven más diversas y multiculturales. Cada vez más, las familias encuentran formas de integrar diferentes tradiciones y expectativas culturales, creando nuevos modelos de relaciones intergeneracionales que honran tanto el patrimonio cultural como las realidades de la vida moderna en Estados Unidos.

Crianza de Hijos en Estados Unidos

La crianza de hijos en Estados Unidos representa uno de los mayores desafíos culturales para las familias hispanas, ya que las diferencias en los enfoques y valores pueden ser notables. El sistema estadounidense de crianza se caracteriza por un fuerte énfasis en la independencia y la autonomía desde una edad temprana, algo que puede contrastar significativamente con los métodos más protectores típicos de la cultura latina.

Desde los primeros años, los padres estadounidenses tienden a fomentar la toma de decisiones independiente en sus hijos. Es común ver a niños pequeños eligiendo su propia ropa, decidiendo qué comer entre opciones saludables, y manejando pequeñas responsabilidades domésticas. Este enfoque busca desarrollar la confianza en sí mismos y la capacidad de tomar decisiones desde temprana edad, aunque para muchos padres hispanos esto puede parecer prematuro o incluso riesgoso.

La disciplina en el hogar estadounidense típico tiende a ser más negociada y menos autoritaria que en muchos hogares hispanos. Los padres estadounidenses frecuentemente utilizan el diálogo y las consecuencias naturales como herramientas disciplinarias, en lugar de métodos más directivos o castigos físicos. El concepto de "time-out" o tiempo fuera, donde el niño debe sentarse quieto por un período breve para reflexionar sobre su comportamiento, es común y ampliamente aceptado como método disciplinario.

Las actividades extracurriculares juegan un papel fundamental en la crianza estadounidense. Se espera que los niños participen en deportes organizados, clases de música, clubes escolares y otras actividades estructuradas. Esto no solo se ve como una forma de desarrollo personal sino también como una manera de construir un currículum impresionante para futuras aplicaciones universitarias. Para muchas familias hispanas, la intensidad y el costo de estas actividades pueden resultar abrumadores.

La socialización temprana es otro aspecto importante de la crianza estadounidense. Las "playdates" o citas de juego son una parte regular de la vida infantil, donde los padres organizan encuentros estructurados para que sus hijos jueguen con otros niños. Estas interacciones suelen ser planificadas con anticipación y pueden involucrar reglas y expectativas específicas sobre supervisión y comportamiento.

El concepto de privacidad infantil es más pronunciado en la cultura estadounidense. Es común que los niños tengan sus propias habitaciones desde muy pequeños y se respete su espacio personal. Los padres estadounidenses tienden a tocar la puerta antes de entrar al cuarto de sus hijos y fomentan límites personales claros, una práctica que puede parecer innecesariamente formal para muchas familias hispanas.

La expresión emocional y la comunicación abierta son altamente valoradas en la crianza estadounidense. Se alienta a los niños a expresar sus sentimientos y opiniones, incluso cuando difieren de los de sus padres. El objetivo es desarrollar habilidades de comunicación efectivas y una comprensión saludable de las emociones. Esto puede contrastar con tradiciones hispanas donde el respeto a la autoridad parental puede limitar este tipo de expresión.

La educación sexual y las conversaciones sobre el cuerpo humano tienden a ser más abiertas y directas en los hogares estadounidenses. Los padres suelen abordar estos temas de manera factual y científica desde edades tempranas, algo que puede resultar incómodo para familias provenientes de culturas más conservadoras en estos aspectos.

El manejo del dinero y la responsabilidad financiera se introducen temprano en la crianza estadounidense. Es común que los niños reciban una mesada vinculada a tareas domésticas, y se les enseña sobre el ahorro y el gasto responsable desde pequeños. Muchos padres abren cuentas de ahorro para sus hijos y los involucran en decisiones financieras básicas apropiadas para su edad.

La tecnología y el acceso a dispositivos electrónicos es otro aspecto importante de la crianza moderna en Estados Unidos. Los padres deben navegar decisiones sobre cuándo permitir el uso de teléfonos celulares, tabletas y computadoras, estableciendo límites y reglas claras sobre el tiempo de pantalla. Esto puede ser particularmente desafiante para familias hispanas que pueden tener diferentes perspectivas sobre el rol de la tecnología en la vida infantil.

La alimentación y los hábitos alimenticios también presentan diferencias significativas. Mientras que en muchas culturas hispanas las comidas familiares son momentos sagrados de unión, en Estados Unidos los horarios ocupados pueden resultar en comidas más individualizadas o rápidas. Sin embargo, muchos padres estadounidenses son muy conscientes de la nutrición y pueden ser bastante estrictos con la alimentación saludable.

El equilibrio entre la independencia y la protección es quizás uno de los aspectos más desafiantes de la crianza en Estados Unidos para las familias hispanas. Prácticas comunes como permitir que los adolescentes tengan trabajos de medio tiempo, conducir desde los 16 años, o participar en actividades sin supervisión directa pueden causar ansiedad en padres acostumbrados a un estilo de crianza más protector.

Para las familias hispanas que se adaptan a la vida en Estados Unidos, encontrar un equilibrio entre mantener valores culturales importantes mientras adoptan aspectos beneficiosos de la crianza estadounidense puede ser un proceso complejo pero gratificante. La clave está en reconocer que no existe un enfoque único correcto y que es posible crear un estilo de crianza híbrido que incorpore lo mejor de ambas culturas.

El éxito en la crianza transcultural a menudo radica en mantener una comunicación abierta dentro de la familia, estar dispuesto a aprender y adaptarse, y recordar que el objetivo final es criar niños seguros, felices y bien ajustados que puedan navegar exitosamente en ambos mundos culturales. Las familias que logran este balance crean un ambiente enriquecedor que prepara a sus hijos para prosperar en la sociedad estadounidense mientras mantienen una conexión significativa con su herencia cultural.

El Sistema Educativo Americano

El sistema educativo americano es uno de los pilares fundamentales de la sociedad estadounidense y representa una de las diferencias más significativas que encuentran las familias hispanas al llegar a este país. A diferencia de muchos sistemas educativos latinoamericanos, el sistema estadounidense se caracteriza por su descentralización, con cada estado y distrito escolar manteniendo un considerable grado de autonomía en cuanto a currículo y políticas educativas.

La educación obligatoria en Estados Unidos típicamente comienza a los cinco años con el kindergarten y continúa hasta los 16 o 18 años, dependiendo del estado. El sistema se divide principalmente en elementary school (escuela primaria, grados K-5), middle school (escuela intermedia, grados 6-8) y high school (escuela secundaria, grados 9-12). Algunos distritos pueden variar ligeramente en esta estructura, pero el concepto general permanece consistente en todo el país.

Una característica distintiva del sistema educativo estadounidense es su enfoque en el desarrollo integral del estudiante. Más allá de las materias académicas tradicionales, se pone un fuerte énfasis en actividades extracurriculares, deportes, artes y desarrollo de habilidades sociales. Los estudiantes son animados a participar en clubes, equipos deportivos y organizaciones estudiantiles, ya que estas actividades se consideran parte fundamental de la experiencia educativa y son altamente valoradas en las aplicaciones universitarias.

La evaluación en las escuelas estadounidenses tiende a ser continua y multifacética. En lugar de depender principalmente de exámenes finales, como es común en muchos países latinoamericanos, los estudiantes son evaluados a través de una combinación de tareas diarias, proyectos, participación en clase, exámenes parciales y trabajos en grupo. Este sistema busca desarrollar diferentes habilidades y proporcionar múltiples oportunidades para demostrar el aprendizaje.

LA CULTURA ESTADOUNIDENSE

La participación de los padres en la educación es altamente valorada y esperada en el sistema estadounidense. Las escuelas regularmente organizan conferencias entre padres y maestros, envían reportes detallados sobre el progreso del estudiante y mantienen portales en línea donde los padres pueden monitorear las calificaciones y asignaciones de sus hijos. Se espera que los padres sean socios activos en la educación de sus hijos, ayudando con las tareas, participando en eventos escolares y comunicándose regularmente con los maestros.

El concepto de educación especial está muy desarrollado en el sistema estadounidense. Las escuelas están legalmente obligadas a proporcionar servicios y adaptaciones para estudiantes con necesidades especiales, incluyendo dificultades de aprendizaje, discapacidades físicas o desafíos emocionales. Estos servicios son gratuitos en las escuelas públicas y se desarrollan a través de planes educativos individualizados (IEP) diseñados específicamente para cada estudiante.

La tecnología juega un papel cada vez más importante en la educación estadounidense. Muchas escuelas proporcionan dispositivos electrónicos a sus estudiantes, utilizan plataformas de aprendizaje en línea y incorporan habilidades digitales en el currículo. Esta integración tecnológica puede representar un ajuste significativo para estudiantes y familias provenientes de sistemas educativos menos digitalizados.

El sistema de calificaciones estadounidense utiliza típicamente letras (A, B, C, D, F) o porcentajes, con A siendo la calificación más alta. Este sistema puede ser confuso inicialmente para familias acostumbradas a diferentes escalas de calificación. Además, el concepto de GPA (Grade Point Average) es fundamental, ya que este promedio acumulativo es crucial para aplicaciones universitarias y oportunidades futuras.

La disciplina escolar en Estados Unidos tiende a ser más estructurada y formal que en muchos países latinoamericanos. Las escuelas tienen códigos de conducta detallados, y las consecuencias por infracciones están claramente establecidas. El acoso escolar (bullying) se toma muy en serio, y las escuelas tienen políticas específicas para prevenirlo y abordarlo.

El calendario escolar estadounidense también tiene sus particularidades. El año académico típicamente comienza en agosto o septiembre y termina en mayo o junio, con vacaciones significativas en invierno y primavera. Los horarios escolares suelen ser más cortos que en Latinoamérica, pero con mayor énfasis en tareas y estudio independiente fuera del horario escolar.

La preparación para la universidad comienza temprano en el sistema estadounidense. Desde la escuela intermedia, los estudiantes son orientados hacia la planificación universitaria, y en la escuela secundaria, esta preparación se intensifica con exámenes estandarizados como el SAT o ACT, selección de cursos avanzados (AP o IB) y actividades extracurriculares estratégicamente elegidas para fortalecer las aplicaciones universitarias.

El financiamiento escolar en Estados Unidos proviene principalmente de impuestos locales sobre la propiedad, lo que puede resultar en disparidades significativas entre distritos escolares. Esto significa que la calidad de las escuelas puede variar considerablemente según la ubicación, un factor importante que las familias deben considerar al elegir dónde vivir.

Para las familias hispanas, navegar el sistema educativo estadounidense puede presentar desafíos adicionales, especialmente si el inglés no es su primer idioma. Sin embargo, las escuelas están obligadas a proporcionar servicios de apoyo lingüístico y programas ESL (English as a Second Language) para estudiantes que los necesiten. Muchas escuelas también ofrecen servicios de traducción para la comunicación con los padres.

La comprensión del sistema educativo estadounidense es crucial para el éxito académico de los estudiantes hispanos. Aunque puede parecer complejo inicialmente, ofrece numerosas oportunidades y recursos para el desarrollo educativo. Las familias que se toman el tiempo para entender y participar activamente en el sistema educativo de sus hijos están mejor posicionadas para aprovechar estas oportunidades y ayudar a sus hijos a alcanzar su máximo potencial académico.

La Universidad y Su Importancia

La universidad ocupa un lugar central en la cultura estadounidense, representando mucho más que una simple institución educativa. Para muchos estadounidenses, la universidad simboliza un rito de paso fundamental, una experiencia transformadora que marca la transición hacia la vida adulta y la independencia. Esta perspectiva contrasta notablemente con la visión más pragmática y académicamente centrada que predomina en muchos países latinoamericanos.

La experiencia universitaria estadounidense comienza mucho antes del primer día de clases. El proceso de aplicación es complejo y multifacético, iniciándose típicamente durante el penúltimo año de high school. Los estudiantes deben navegar un sistema que evalúa no solo sus logros académicos, sino también sus actividades extracurriculares, liderazgo, servicio comunitario y desarrollo personal. Este enfoque holístico puede resultar desconcertante para las familias hispanas acostumbradas a sistemas donde el ingreso se determina principalmente por exámenes de admisión o calificaciones académicas.

El concepto de "college life" es particularmente distintivo en la cultura estadounidense. La mayoría de los estudiantes optan por vivir en el campus universitario, incluso si la universidad está relativamente cerca de casa. Esta práctica, que puede parecer innecesaria o costosa desde una perspectiva latinoamericana, se considera fundamental para el desarrollo personal y la experiencia universitaria completa. Los dormitorios estudiantiles, las fraternidades y hermandades, y la vida en el campus son elementos integrales que fomentan la independencia, las habilidades sociales y la construcción de redes profesionales duraderas.

El sistema universitario estadounidense se caracteriza por su flexibilidad académica. A diferencia de muchos países latinoamericanos donde los estudiantes eligen una carrera específica desde el primer día, el sistema estadounidense permite y hasta alienta la exploración académica. Los estudiantes típicamente no necesitan declarar su

LA CULTURA ESTADOUNIDENSE 53

especialización (major) hasta el segundo año, y pueden tomar clases en diversas disciplinas gracias al sistema de educación general. Esta flexibilidad permite a los estudiantes descubrir sus verdaderos intereses y pasiones antes de comprometerse con una trayectoria profesional específica.

El costo de la educación universitaria en Estados Unidos es significativamente más alto que en la mayoría de los países latinoamericanos, lo que puede resultar abrumador para muchas familias inmigrantes. Sin embargo, existe un complejo sistema de ayuda financiera que incluye becas, subvenciones, préstamos estudiantiles y programas de trabajo-estudio. Comprender y navegar este sistema es crucial para hacer la universidad más accesible. Las universidades públicas generalmente ofrecen costos más reducidos para residentes del estado, y los community colleges proporcionan una opción más económica para completar los primeros dos años de educación universitaria.

La relación profesor-estudiante en las universidades estadounidenses tiende a ser más informal y colaborativa que en muchas instituciones latinoamericanas. Los profesores mantienen horarios de oficina regulares para consultas individuales, y se espera que los estudiantes participen activamente en discusiones de clase y busquen ayuda cuando la necesiten. Esta dinámica puede requerir un ajuste significativo para estudiantes internacionales o de primera generación acostumbrados a una jerarquía más formal.

Las actividades extracurriculares y la participación en organizaciones estudiantiles son consideradas parte integral de la experiencia universitaria estadounidense. Estas actividades no solo enriquecen la vida estudiantil, sino que también son valoradas por futuros empleadores como indicadores de liderazgo, trabajo en equipo y gestión del tiempo. Las universidades ofrecen una amplia gama de clubes, organizaciones deportivas, grupos culturales y oportunidades de voluntariado que complementan la educación académica.

La investigación y las oportunidades de pasantías son altamente enfatizadas en el sistema universitario estadounidense. Se alienta a los estudiantes a buscar experiencias prácticas en su campo de estudio, ya sea a través de investigación con profesores, pasantías en empresas o proyectos independientes. Estas experiencias no solo proporcionan ventajas competitivas en el mercado laboral, sino que también ayudan a los estudiantes a aplicar sus conocimientos teóricos en contextos prácticos.

El networking y la construcción de conexiones profesionales comienzan durante los años universitarios. Las universidades organizan ferias de empleo, eventos de networking y programas de mentoría que conectan a los estudiantes con empleadores potenciales y profesionales establecidos en sus campos de interés. La red de antiguos alumnos (alumni network) es particularmente valorada y puede proporcionar oportunidades profesionales significativas después de la graduación.

La vida social universitaria en Estados Unidos tiene sus propias normas y expectativas culturales. Las tradiciones del campus, los eventos deportivos, las actividades de "homecoming" y los rituales de graduación son elementos distintivos de la experiencia universitaria americana. Para muchos estudiantes hispanos, encontrar un equilibrio entre estas nuevas tradiciones y su herencia cultural puede ser un desafío enriquecedor.

La universidad en Estados Unidos no solo proporciona educación académica, sino que también se enfoca en el desarrollo de habilidades profesionales y personales. Los centros de carrera universitarios ofrecen servicios como asesoramiento profesional, talleres de desarrollo de currículum, práctica de entrevistas y orientación sobre búsqueda de empleo. Estas habilidades son consideradas tan importantes como el conocimiento académico para el éxito profesional futuro.

Para los estudiantes hispanos y sus familias, comprender la importancia cultural y práctica de la universidad en la sociedad estadounidense es fundamental para aprovechar al máximo esta experiencia. Aunque los desafíos pueden ser significativos, especialmente en términos de adaptación cultural y financiera, los beneficios de una educación universitaria estadounidense se extienden mucho más allá del título académico, proporcionando herramientas valiosas para el éxito profesional y personal en este país.

La Ética Laboral Estadounidense

La ética laboral estadounidense es uno de los aspectos más distintivos y fundamentales de la cultura norteamericana, caracterizada por un conjunto único de valores, expectativas y comportamientos que pueden resultar significativamente diferentes a los que prevalecen en América Latina. Esta mentalidad particular hacia el trabajo ha sido moldeada por siglos de historia, influenciada por el protestantismo, el capitalismo y el ideal del "sueño americano".

En el corazón de la ética laboral estadounidense se encuentra una fuerte creencia en el trabajo duro como camino hacia el éxito. Los estadounidenses tienden a valorar enormemente la productividad y la eficiencia, considerando el trabajo no solo como un medio para ganarse la vida, sino como una fuente de realización personal y estatus social. Esta perspectiva contrasta notablemente con culturas latinoamericanas donde, aunque el trabajo es importante, existe un mayor énfasis en el equilibrio entre la vida laboral y personal.

La independencia y la iniciativa personal son altamente valoradas en el entorno laboral estadounidense. Se espera que los empleados sean proactivos, tomen decisiones por cuenta propia y resuelvan problemas sin necesidad de supervisión constante. Este enfoque puede resultar desafiante para trabajadores latinoamericanos acostumbrados a estructuras más jerárquicas donde las decisiones importantes típicamente provienen de los superiores.

El concepto de tiempo en el trabajo es particularmente riguroso en Estados Unidos. La puntualidad no es solo apreciada, sino esperada como norma básica de profesionalismo. Las reuniones comienzan y terminan a la hora establecida, los plazos son considerados compromisos firmes, y el tiempo se ve como un recurso valioso que debe ser utilizado eficientemente. La práctica común en América Latina de extender las jornadas laborales con conversaciones sociales o pausas prolongadas para el almuerzo es menos aceptada en el ambiente laboral estadounidense.

La comunicación en el trabajo tiende a ser directa y orientada a resultados. Los estadounidenses valoran la claridad y la franqueza en las interacciones profesionales, prefiriendo ir "al grano" en lugar de utilizar las sutilezas y cortesías elaboradas comunes en la comunicación laboral latinoamericana. Esta diferencia puede crear malentendidos iniciales, donde lo que para un estadounidense es eficiencia puede ser percibido como brusquedad por un latino.

El concepto de lealtad empresarial difiere significativamente en la cultura estadounidense. Mientras que en muchos países latinoamericanos es común permanecer en la misma empresa durante décadas, los trabajadores estadounidenses tienden a cambiar de empleo con mayor frecuencia, buscando mejores oportunidades de crecimiento profesional y salarial. Esta movilidad laboral no es vista negativamente, sino como una señal de ambición y desarrollo profesional.

La separación entre la vida personal y profesional es más marcada en Estados Unidos. Las relaciones laborales tienden a mantenerse en un nivel profesional, con límites claros entre el trabajo y la vida personal. Aunque existe camaradería en el lugar de trabajo, las amistades profundas y las conexiones familiares que caracterizan muchos ambientes laborales latinos son menos comunes.

La meritocracia es un principio fundamental en la cultura laboral estadounidense. Se espera que los ascensos y reconocimientos se basen en el desempeño individual y los resultados medibles, más que en la antigüedad o las conexiones personales. Este sistema puede parecer frío o impersonal para trabajadores latinos acostumbrados a un enfoque más relacional, pero ofrece oportunidades significativas para quienes pueden adaptarse y destacar por sus méritos.

El concepto de desarrollo profesional continuo es central en la ética laboral estadounidense. Se valora enormemente la disposición para aprender nuevas habilidades, obtener certificaciones adicionales y mantenerse actualizado en las tendencias de la industria. Las empresas frecuentemente ofrecen programas de desarrollo profesional, y se espera que los empleados tomen la iniciativa en su propio crecimiento profesional.

La competitividad es otro aspecto distintivo del ambiente laboral estadounidense. Aunque el trabajo en equipo es importante, existe un fuerte énfasis en el logro individual y la capacidad de destacarse entre los compañeros. Esta dinámica puede contrastar con culturas laborales latinoamericanas que tienden a favorecer la armonía grupal y la colaboración sobre la competencia individual.

El manejo del conflicto en el trabajo también refleja valores culturales únicos. En el entorno laboral estadounidense, se espera que los desacuerdos se aborden de manera directa y profesional, a menudo a través de canales formales como recursos humanos. Este enfoque difiere de la tendencia latinoamericana a manejar los conflictos de manera más indirecta y personal.

La ética laboral estadounidense también se caracteriza por un fuerte énfasis en la documentación y el seguimiento de procedimientos formales. Desde la comunicación por correo electrónico hasta las evaluaciones de desempeño, existe una expectativa de mantener registros claros y seguir protocolos establecidos. Esta formalidad en los procesos puede parecer excesiva para trabajadores latinos acostumbrados a sistemas más flexibles y basados en relaciones personales.

El equilibrio entre trabajo y vida personal se maneja de manera diferente en Estados Unidos. Aunque las jornadas laborales pueden ser intensas, existe un respeto general por el tiempo personal y las vacaciones programadas. Sin embargo, los períodos de vacaciones tienden a ser más cortos que en América Latina, y existe la expectativa de mantener cierta conectividad con el trabajo incluso durante el tiempo libre.

LA CULTURA ESTADOUNIDENSE

Para tener éxito en el ambiente laboral estadounidense, es crucial comprender y adaptarse a estos valores y expectativas culturales, mientras se mantiene la autenticidad personal y las fortalezas culturales propias. La capacidad de navegar estas diferencias culturales puede convertirse en una ventaja competitiva, permitiendo a los profesionales latinos combinar lo mejor de ambas culturas en su desarrollo profesional.

Buscando Trabajo en Estados Unidos

La búsqueda de trabajo en Estados Unidos representa un proceso significativamente diferente al que muchos hispanoamericanos están acostumbrados en sus países de origen. Este proceso no solo implica encontrar oportunidades laborales, sino también comprender y navegar un sistema con sus propias reglas, expectativas y métodos particulares.

El primer paso fundamental en la búsqueda de empleo es la preparación del currículum vitae o resume, como se conoce en Estados Unidos. A diferencia de muchos países latinoamericanos, el resume estadounidense es típicamente breve, conciso y enfocado en logros cuantificables. Se espera que no sobrepase las dos páginas, incluso para profesionales con décadas de experiencia. No se incluyen fotografías, estado civil, edad u otra información personal que en Latinoamérica podría considerarse estándar.

Las redes profesionales juegan un papel crucial en la búsqueda de empleo en Estados Unidos. LinkedIn se ha convertido en una herramienta indispensable, funcionando como un currículum vitae digital y una plataforma de networking. Los estadounidenses utilizan activamente estas redes para construir conexiones profesionales, buscar oportunidades y mantenerse visibles en su industria. El concepto de networking, aunque existe en Latinoamérica, tiene un peso mucho mayor en la cultura laboral estadounidense.

Los portales de empleo en línea son otra herramienta fundamental. Sitios como Indeed, Monster, Glassdoor y las bolsas de trabajo específicas de cada industria son fuentes primarias de ofertas laborales. Es importante entender que en Estados Unidos, la mayoría de las búsquedas de empleo se realizan en línea, y las solicitudes en persona, sin previo contacto, son menos comunes y efectivas que en Latinoamérica.

El proceso de solicitud de empleo en Estados Unidos sigue protocolos específicos. Cada posición suele requerir no solo el envío del resume, sino también una carta de presentación personalizada (cover letter) que explique específicamente por qué el candidato es ideal para ese puesto en particular. Esta carta debe ser concisa, profesional y adaptada a cada oportunidad, evitando el uso de plantillas genéricas.

Las referencias profesionales tienen un peso significativo en el proceso de búsqueda de empleo. A diferencia de algunos países latinoamericanos donde las cartas de recomendación generales son comunes, en Estados Unidos se prefieren referencias específicas que puedan ser contactadas directamente por el empleador potencial. Es importante mantener una red de contactos profesionales que puedan servir como referencias y estén dispuestos a hablar positivamente sobre tu desempeño laboral previo.

El seguimiento de las solicitudes de empleo requiere un equilibrio delicado. Mientras que en Latinoamérica puede ser común hacer seguimiento frecuente y personal, en Estados Unidos se espera un enfoque más medido. Un correo electrónico de seguimiento una semana después de la solicitud es apropiado, pero el contacto excesivo puede ser visto como invasivo o desesperado.

La preparación para las entrevistas laborales incluye una investigación exhaustiva sobre la empresa y el puesto. Los empleadores estadounidenses esperan que los candidatos demuestren un conocimiento significativo de la organización, sus valores y su industria. También es común que se realicen múltiples rondas de entrevistas, incluyendo evaluaciones técnicas, entrevistas con diferentes miembros del equipo y, en algunos casos, presentaciones o proyectos de prueba.

El salario y los beneficios son temas que se manejan de manera diferente en Estados Unidos. Mientras que en muchos países latinoamericanos estos aspectos pueden discutirse desde el inicio del proceso, en Estados Unidos generalmente se abordan en etapas más avanzadas de la selección. Es importante estar preparado para negociar, ya que la negociación salarial es una práctica común y esperada.

Las agencias de empleo y los reclutadores profesionales son recursos valiosos en la búsqueda de trabajo. Estas entidades pueden proporcionar orientación sobre el mercado laboral local, ayudar a adaptar el resume a los estándares estadounidenses y conectar a los candidatos con oportunidades que no se anuncian públicamente. Sin embargo, es importante investigar la legitimidad de estas agencias y comprender sus términos de servicio.

La verificación de antecedentes y el estado migratorio son aspectos cruciales en el proceso de búsqueda de empleo. Los empleadores estadounidenses están legalmente obligados a verificar la elegibilidad para trabajar en el país, y muchos realizan verificaciones exhaustivas de antecedentes penales y laborales. Es fundamental ser transparente sobre el estado migratorio y contar con toda la documentación necesaria.

Las ferias de empleo, aunque menos comunes en la era digital, siguen siendo una herramienta útil, especialmente para ciertos sectores y niveles profesionales. Estas eventos ofrecen la oportunidad de interactuar directamente con empleadores potenciales y practicar habilidades de networking en un entorno profesional estadounidense.

La adaptación cultural en la búsqueda de empleo es fundamental. Los empleadores estadounidenses valoran características como la iniciativa, la comunicación directa y la capacidad de trabajar independientemente. Es importante demostrar estas cualidades durante el proceso de búsqueda, mientras se mantiene un equilibrio con los valores culturales propios.

El desarrollo profesional continuo es altamente valorado en el mercado laboral estadounidense. La inversión en certificaciones, cursos de actualización y mejora del inglés puede aumentar significativamente las posibilidades de éxito en la búsqueda de empleo. Muchas organizaciones y bibliotecas públicas ofrecen recursos gratuitos o de bajo costo para este propósito.

LA CULTURA ESTADOUNIDENSE 63

La persistencia y la resiliencia son fundamentales en la búsqueda de empleo en Estados Unidos. El proceso puede ser más largo y complejo de lo esperado, especialmente para profesionales internacionales. Es importante mantener una actitud positiva y profesional, continuar desarrollando habilidades relevantes y construir una red de contactos mientras se busca la oportunidad adecuada.

La Independencia Desde Temprana Edad

La independencia es un valor profundamente arraigado en la cultura estadounidense, y esto se refleja claramente en la forma en que los padres crían a sus hijos desde una edad muy temprana. A diferencia de muchas culturas latinoamericanas, donde los hijos suelen permanecer en el hogar familiar hasta el matrimonio o incluso después, en Estados Unidos se espera que los jóvenes desarrollen su autonomía y se independicen mucho antes.

Esta mentalidad comienza a cultivarse desde la primera infancia. Los padres estadounidenses suelen fomentar que sus hijos pequeños tomen decisiones simples por sí mismos, como elegir su ropa o decidir qué quieren comer entre opciones saludables. A medida que los niños crecen, se les asignan responsabilidades cada vez mayores, desde hacer sus propias camas hasta prepararse el almuerzo para la escuela. Esta práctica contrasta notablemente con muchos hogares latinos, donde los padres tienden a realizar estas tareas por sus hijos durante más tiempo.

Durante la adolescencia, las expectativas de independencia se intensifican significativamente. Es común que los adolescentes estadounidenses consigan trabajos de medio tiempo, generalmente a partir de los 16 años, aunque en algunos estados pueden comenzar incluso antes con permisos especiales. Estos primeros empleos no solo proporcionan dinero de bolsillo, sino que también enseñan valiosas lecciones sobre responsabilidad financiera, gestión del tiempo y ética laboral. Los padres suelen animar a sus hijos a abrir cuentas bancarias propias y comenzar a administrar su dinero de forma independiente.

La obtención del permiso de conducir es otro hito significativo en el camino hacia la independencia. En la mayoría de los estados, los adolescentes pueden comenzar a conducir a los 16 años, y esto se considera un paso crucial hacia la autonomía. Tener licencia de conducir no solo significa libertad de movimiento, sino también mayores responsabilidades y expectativas de madurez.

LA CULTURA ESTADOUNIDENSE 65

Quizás el cambio más dramático ocurre cuando los jóvenes terminan la escuela secundaria. En la cultura estadounidense, existe una expectativa generalizada de que los hijos se mudarán fuera del hogar familiar al comenzar la universidad o poco después de graduarse de la escuela secundaria. Este paso hacia la independencia total puede resultar especialmente chocante para las familias latinas, donde la tradición de vivir con los padres hasta el matrimonio está profundamente arraigada.

La mudanza fuera del hogar familiar no siempre significa irse a la universidad. Algunos jóvenes eligen comenzar a trabajar inmediatamente, unirse al ejército, o buscar otras oportunidades de desarrollo personal y profesional. Independientemente del camino elegido, la expectativa es que los jóvenes adultos comenzarán a sostenerse financieramente y a tomar sus propias decisiones de vida.

Esta transición hacia la independencia total puede ser particularmente desafiante para las familias hispanas que viven en Estados Unidos. Los padres latinos a menudo luchan con el concepto de "dejar ir" a sus hijos tan temprano, y pueden sentir que esta práctica va en contra de sus valores familiares tradicionales. Sin embargo, es importante entender que esta independencia temprana no significa necesariamente una ruptura de los lazos familiares, sino más bien un cambio en la dinámica de la relación.

Los jóvenes que se mudan fuera de casa suelen enfrentar una curva de aprendizaje empinada. Deben aprender a manejar un presupuesto, pagar facturas, cocinar sus propias comidas, hacer la lavandería y mantener un hogar, todo mientras estudian o trabajan. Esta experiencia, aunque desafiante, es vista como una parte crucial del desarrollo personal y la transición a la edad adulta.

Es importante señalar que esta independencia temprana también tiene sus desventajas. Algunos críticos argumentan que puede llevar a un aislamiento social excesivo y a dificultades financieras innecesarias. Los costos de vida independiente, especialmente en áreas urbanas, pueden ser prohibitivamente altos para muchos jóvenes, llevando a situaciones de estrés financiero o a la necesidad de compartir vivienda con compañeros de cuarto.

Para las familias latinas que se adaptan a la vida en Estados Unidos, encontrar un equilibrio entre los valores tradicionales y las expectativas culturales estadounidenses puede ser un desafío significativo. Algunas familias optan por un enfoque híbrido, permitiendo mayor independencia en ciertas áreas mientras mantienen fuertes lazos familiares y tradiciones culturales en otras.

Los expertos sugieren que la clave está en preparar gradualmente a los hijos para la independencia desde una edad temprana, enseñándoles habilidades prácticas y fomentando la toma de decisiones responsable. Esto puede incluir involucrarlos en la planificación financiera familiar, enseñarles a cocinar platos tradicionales, y discutir abiertamente las expectativas culturales tanto de su herencia latina como de su nuevo hogar estadounidense.

Es fundamental recordar que la independencia temprana en la cultura estadounidense no significa un rechazo a la familia, sino más bien una diferente forma de entender la madurez y el desarrollo personal. Los padres pueden mantener una relación cercana y amorosa con sus hijos mientras los apoyan en su camino hacia la autonomía. De hecho, muchos jóvenes estadounidenses mantienen fuertes vínculos con sus familias incluso después de mudarse, comunicándose regularmente y reuniéndose para celebraciones y eventos importantes.

En última instancia, la adaptación a este aspecto de la cultura estadounidense requiere flexibilidad y comprensión por parte de las familias latinas. Reconocer que la independencia temprana puede coexistir con fuertes valores familiares permite a los padres apoyar mejor el desarrollo de sus hijos en su nuevo contexto cultural, preparándolos para el éxito en la sociedad estadounidense sin sacrificar su identidad cultural.

El Concepto de Privacidad

La privacidad en Estados Unidos es un concepto fundamental que permea todos los aspectos de la vida cotidiana, y su comprensión es esencial para navegar exitosamente la sociedad estadounidense. A diferencia de muchas culturas latinoamericanas, donde las fronteras entre lo público y lo privado pueden ser más difusas, los estadounidenses mantienen límites muy claros en cuanto a su espacio personal, información y posesiones.

En el ámbito personal, la privacidad se manifiesta de múltiples formas. Los estadounidenses generalmente consideran inapropiado hacer preguntas directas sobre el salario de alguien, sus creencias políticas o religiosas, o detalles específicos sobre sus relaciones personales, a menos que exista una relación muy cercana. Esta reserva puede parecer fría o distante para muchos latinos, acostumbrados a conversaciones más abiertas y personales, pero es una muestra de respeto en la cultura estadounidense.

La privacidad en el hogar es particularmente sagrada. Las casas estadounidenses típicamente tienen cortinas o persianas en todas las ventanas, y es común que los vecinos mantengan cierta distancia social, incluso cuando son amigables entre sí. Visitar a alguien sin previo aviso, una práctica común en muchos países latinoamericanos, puede considerarse una invasión de la privacidad en Estados Unidos. Se espera que las visitas sean programadas con anticipación, y es cortés llamar o enviar un mensaje antes de llegar, incluso cuando se trata de familia cercana.

En el espacio de trabajo, la privacidad adquiere dimensiones adicionales. Los correos electrónicos, archivos y conversaciones laborales se consideran confidenciales, y compartir información sobre otros empleados o situaciones del trabajo puede tener consecuencias legales serias. Muchas empresas tienen políticas estrictas sobre la protección de datos y la confidencialidad, y los empleados deben firmar acuerdos específicos al respecto.

La privacidad financiera es otro aspecto crucial en la cultura estadounidense. Las transacciones bancarias, el historial crediticio y los detalles financieros personales se consideran estrictamente privados. Las instituciones financieras tienen obligaciones legales significativas para proteger la información de sus clientes, y existen leyes específicas que regulan cómo se puede compartir y utilizar la información financiera personal.

En el contexto médico, la privacidad está protegida por leyes federales estrictas, como HIPAA (Health Insurance Portability and Accountability Act). Los proveedores de atención médica no pueden compartir información sobre el estado de salud de un paciente sin su consentimiento explícito, incluso con miembros de la familia. Esto puede resultar desconcertante para familias latinas, donde es común que toda la familia participe en decisiones médicas y esté al tanto de la situación de salud de sus miembros.

La era digital ha traído nuevos desafíos y consideraciones en cuanto a la privacidad. Los estadounidenses tienden a ser muy conscientes de su huella digital y suelen ser cautelosos con la información que comparten en línea. Es común que las personas utilicen configuraciones de privacidad estrictas en sus redes sociales y sean selectivos con quién comparten sus publicaciones y fotos.

En el contexto educativo, la privacidad de los estudiantes está protegida por leyes como FERPA (Family Educational Rights and Privacy Act). Las calificaciones, registros académicos y otra información educativa no pueden ser compartidos sin el consentimiento del estudiante o de sus padres si es menor de edad. Esto puede contrastar con algunas culturas latinoamericanas donde las calificaciones y el rendimiento académico se discuten más abiertamente.

La privacidad de los menores es particularmente importante en la cultura estadounidense. Existe una gran sensibilidad en cuanto a compartir fotos o información sobre niños en línea, y muchas escuelas requieren permisos específicos para fotografiar o filmar a los estudiantes. Los padres son cada vez más conscientes de la importancia de proteger la privacidad digital de sus hijos desde una edad temprana.

Para muchos inmigrantes latinos, adaptarse a estas normas de privacidad puede requerir un ajuste significativo. La naturaleza más reservada de las interacciones sociales y la expectativa de mantener cierta distancia en las relaciones pueden parecer frías o impersonales al principio. Sin embargo, entender y respetar estos límites es crucial para la integración exitosa en la sociedad estadounidense.

Es importante reconocer que el énfasis en la privacidad no significa necesariamente falta de comunidad o conexión social. Los estadounidenses valoran las relaciones personales y la comunidad, pero lo hacen dentro de límites claramente definidos que respetan la autonomía y la privacidad individual. Las amistades cercanas y las relaciones significativas se desarrollan con el tiempo, y el respeto por la privacidad del otro es visto como una parte fundamental de estas relaciones.

La violación de la privacidad de alguien puede tener consecuencias sociales y legales serias en Estados Unidos. Comportamientos que podrían considerarse normales o incluso cariñosos en culturas latinas, como preguntar detalles personales o aparecer sin invitación, pueden ser interpretados como invasivos o inapropiados en el contexto estadounidense. Aprender a navegar estos límites es esencial para construir relaciones positivas y evitar malentendidos culturales.

Para las familias latinas que se establecen en Estados Unidos, encontrar un equilibrio entre mantener sus tradiciones culturales de cercanía y apertura mientras respetan las normas de privacidad estadounidenses puede ser un desafío. La clave está en reconocer que es posible mantener conexiones familiares fuertes y significativas mientras se respetan los límites de privacidad que son importantes en la cultura estadounidense.

La Cultura del Consumo

La cultura del consumo en Estados Unidos es un fenómeno complejo y multifacético que refleja profundamente los valores y aspiraciones de la sociedad estadounidense. Este aspecto de la vida americana va mucho más allá del simple acto de comprar; representa una mentalidad y un estilo de vida que puede resultar sorprendente para muchos inmigrantes latinoamericanos.

El consumismo estadounidense se caracteriza por una abundancia de opciones en prácticamente todos los aspectos de la vida cotidiana. Al entrar a un supermercado típico, uno se encuentra con docenas de variedades del mismo producto, desde cereales hasta pasta dental. Esta amplitud de opciones, que puede resultar abrumadora al principio, refleja la creencia estadounidense en la libertad de elección y la importancia de la satisfacción del consumidor.

Las compras en Estados Unidos siguen patrones y ciclos predecibles a lo largo del año. Las temporadas de rebajas son eventos importantes en el calendario comercial, con fechas específicas que los consumidores esperan ansiosamente. El "Black Friday", el día después del Día de Acción de Gracias, marca el inicio oficial de la temporada de compras navideñas y se ha convertido en un fenómeno cultural por derecho propio. Las tiendas abren muy temprano, ofrecen descuentos significativos, y las personas hacen fila durante horas para conseguir las mejores ofertas.

El comercio electrónico ha transformado significativamente los hábitos de consumo en Estados Unidos. Amazon y otras plataformas en línea han creado una expectativa de conveniencia y entrega rápida que ahora es parte integral de la experiencia de compra estadounidense. La capacidad de comparar precios instantáneamente, leer reseñas de productos y recibir compras en casa en cuestión de días o incluso horas ha revolucionado la forma en que los estadounidenses consumen.

Un aspecto distintivo de la cultura del consumo estadounidense es la importancia de las marcas. Las marcas no solo representan productos, sino que a menudo se convierten en símbolos de estatus social, estilo de vida e identidad personal. Los estadounidenses tienden a ser muy conscientes de las marcas y pueden desarrollar fuertes lealtades hacia aquellas que consideran que reflejan sus valores o aspiraciones.

El concepto de garantía y devolución de productos es fundamental en la cultura de consumo estadounidense. La frase "el cliente siempre tiene la razón" refleja una filosofía empresarial que prioriza la satisfacción del consumidor. La mayoría de las tiendas tienen políticas de devolución generosas, permitiendo a los clientes devolver productos incluso después de haberlos usado, algo que puede resultar sorprendente para muchos latinoamericanos acostumbrados a políticas más restrictivas.

Los centros comerciales o "malls" han sido durante mucho tiempo centros importantes de actividad social y comercial en Estados Unidos. Aunque el comercio electrónico ha impactado su predominio, siguen siendo lugares donde las familias pasan tiempo juntas, los adolescentes socializan y las personas van no solo a comprar sino también a entretenerse. Estos espacios reflejan la fusión entre consumo y ocio que caracteriza a la cultura estadounidense.

El crédito juega un papel crucial en la cultura del consumo estadounidense. El uso de tarjetas de crédito está profundamente arraigado en la sociedad, y muchas personas las utilizan para la mayoría de sus compras, incluso las más pequeñas. Este hábito contrasta con muchas culturas latinoamericanas, donde el uso de efectivo es más común y el crédito se reserva para compras mayores.

La publicidad es omnipresente en la sociedad estadounidense y tiene un impacto significativo en los hábitos de consumo. Los estadounidenses están expuestos a miles de mensajes publicitarios cada día, a través de televisión, radio, internet, vallas publicitarias y otros medios. Esta constante exposición a la publicidad influye en las decisiones de compra y contribuye a crear nuevas necesidades y deseos.

El consumo también está estrechamente ligado a las celebraciones y festividades estadounidenses. Cada festividad importante tiene sus propias tradiciones de consumo asociadas: regalos en Navidad, dulces en Halloween, decoraciones en el Día de la Independencia. Estas prácticas de consumo se han convertido en parte integral de cómo se celebran estas festividades.

Para muchos inmigrantes latinoamericanos, adaptarse a esta cultura del consumo puede representar un desafío significativo. La presión social para mantener cierto nivel de consumo, la importancia de las marcas y la dependencia del crédito pueden entrar en conflicto con valores culturales más tradicionales centrados en el ahorro y la frugalidad.

Sin embargo, es importante entender que la cultura del consumo estadounidense también tiene aspectos positivos. La competencia entre empresas ha llevado a mejoras en la calidad de los productos y servicios, mayor innovación y mejor atención al cliente. Además, el énfasis en los derechos del consumidor ha resultado en regulaciones que protegen a los compradores y garantizan estándares de calidad y seguridad.

El consumo consciente y el movimiento hacia la sostenibilidad están ganando fuerza en Estados Unidos. Cada vez más consumidores están preocupados por el impacto ambiental de sus hábitos de consumo y buscan alternativas más sostenibles. Esta tendencia ha llevado al crecimiento de mercados de productos orgánicos, comercio justo y artículos reutilizables.

Para navegar exitosamente la cultura del consumo estadounidense, es importante desarrollar habilidades de consumo inteligente. Esto incluye aprender a comparar precios, entender las políticas de devolución, usar sabiamente el crédito y resistir la presión de comprar más allá de los medios propios. También es crucial mantener un equilibrio entre adaptarse a los nuevos patrones de consumo mientras se preservan valores culturales importantes sobre el dinero y las posesiones materiales.

El Sistema de Propinas

El sistema de propinas en Estados Unidos es uno de los aspectos culturales que más confusión y, en ocasiones, incomodidad puede generar entre los inmigrantes latinoamericanos. A diferencia de muchos países de América Latina, donde las propinas son opcionales o se limitan a un pequeño porcentaje, en Estados Unidos constituyen una parte fundamental del sistema de compensación en la industria de servicios.

En la cultura estadounidense, las propinas no son consideradas un extra o un bono opcional, sino una parte esencial del salario de los trabajadores de servicios. Esto se debe a que la ley federal permite que los empleadores paguen a los trabajadores que reciben propinas un salario base significativamente menor al salario mínimo regular, con la expectativa de que las propinas compensarán la diferencia. En muchos estados, el salario base para trabajadores que reciben propinas puede ser tan bajo como $2.13 por hora, muy por debajo del salario mínimo federal.

La norma general en restaurantes es dejar una propina de entre 15% y 20% del total de la cuenta antes de impuestos. Este porcentaje ha aumentado gradualmente con el tiempo; mientras que en décadas pasadas era común dejar un 10% o 15%, hoy en día el 20% se ha convertido en el estándar en muchas áreas urbanas y establecimientos de alta categoría. Es importante señalar que dejar menos del 15% en un restaurante con servicio completo se considera una señal de insatisfacción con el servicio, y no dejar propina en absoluto es visto como un insulto grave.

El cálculo de la propina puede resultar complicado para quienes no están acostumbrados a este sistema. Muchos restaurantes facilitan este proceso incluyendo en la cuenta sugerencias de propina calculadas al 15%, 18% y 20%. También es común que las personas usen aplicaciones de teléfono o simplemente multipliquen el total por 0.2 para calcular una propina del 20%. Para grupos grandes, muchos establecimientos incluyen automáticamente una propina de servicio del 18% o 20% en la cuenta.

Las propinas no se limitan únicamente a los restaurantes. Se espera dejar propina en una amplia variedad de servicios: peluquerías y salones de belleza (15-20%), taxis y servicios de transporte compartido (10-15%), entrega de comida a domicilio (10-15%), servicios de valet parking (2-5 dólares), maleteros en hoteles (1-2 dólares por maleta), personal de limpieza en hoteles (2-5 dólares por día), bartenders (1-2 dólares por bebida), y muchos otros servicios personales.

Un aspecto que puede resultar particularmente confuso para los latinoamericanos es la práctica de dejar propina en establecimientos de comida rápida o mostradores de servicio. Aunque tradicionalmente no se esperaba propina en estos lugares, la proliferación de sistemas de pago electrónico que incluyen opciones de propina ha creado cierta presión social para dejar algo, generalmente entre 10% y 15%, incluso en situaciones donde el servicio es mínimo.

La cultura de las propinas también refleja valores fundamentales de la sociedad estadounidense, como la importancia del servicio al cliente y la creencia en la recompensa por el esfuerzo individual. Los trabajadores de servicios a menudo se esfuerzan por proporcionar una atención excepcional con la expectativa de recibir mejores propinas, lo que contribuye a la alta calidad del servicio que caracteriza a muchos establecimientos estadounidenses.

Sin embargo, el sistema de propinas no está exento de controversia. Críticos argumentan que traslada la responsabilidad de pagar salarios justos de los empleadores a los clientes, y que puede perpetuar desigualdades y discriminación. Algunos restaurantes han intentado eliminar las propinas implementando modelos de "servicio incluido", aunque estos experimentos han tenido resultados mixtos debido a la profunda arraigación del sistema de propinas en la cultura estadounidense.

LA CULTURA ESTADOUNIDENSE 77

Para los inmigrantes latinoamericanos, es crucial entender que no dejar propina adecuada puede tener consecuencias sociales significativas. Además de ser considerado descortés, puede resultar en un servicio deficiente en futuras visitas al mismo establecimiento, ya que los trabajadores de servicios suelen recordar a los clientes que no dejan propina. En comunidades pequeñas, desarrollar una reputación de no dejar propina puede afectar negativamente la experiencia general de servicio.

El sistema de propinas también tiene implicaciones fiscales importantes. Los trabajadores están obligados a reportar sus ingresos por propinas al Servicio de Impuestos Internos (IRS), y los empleadores deben asegurarse de que sus empleados reporten al menos un porcentaje mínimo de sus ventas como propinas. Este aspecto del sistema puede resultar sorprendente para inmigrantes provenientes de países donde las propinas no se consideran ingreso gravable.

En el contexto actual de pagos digitales y aplicaciones móviles, el proceso de dejar propina se ha vuelto más visible y, en algunos casos, más incómodo. Las tabletas y terminales de pago que muestran opciones de propina predeterminadas pueden crear presión social para dejar propina incluso en situaciones donde tradicionalmente no se esperaba. Esta evolución tecnológica ha contribuido a la expansión de la cultura de las propinas a nuevos sectores de la economía de servicios.

Para navegar exitosamente el sistema de propinas estadounidense, es recomendable familiarizarse con las expectativas específicas de cada tipo de servicio y prepararse mentalmente para incluir las propinas en el presupuesto de gastos. También es útil recordar que, aunque el sistema pueda parecer complicado o incluso injusto desde una perspectiva foránea, forma parte integral de la estructura económica y social estadounidense, y participar adecuadamente en él es una parte importante de la integración cultural.

La Importancia del Crédito

La importancia del crédito en Estados Unidos es un concepto que frecuentemente sorprende a los inmigrantes latinoamericanos, ya que representa una diferencia fundamental en cómo se maneja el dinero y las finanzas personales en la sociedad estadounidense. A diferencia de muchos países latinoamericanos, donde las transacciones en efectivo son comunes y el crédito se ve con cierta desconfianza, en Estados Unidos el crédito es considerado un pilar fundamental de la vida financiera.

El puntaje crediticio, conocido como "credit score", funciona como una especie de documento de identidad financiera que sigue a cada persona durante toda su vida en Estados Unidos. Este número, que generalmente oscila entre 300 y 850, determina en gran medida el acceso a oportunidades financieras y, sorprendentemente, incluso a oportunidades laborales y de vivienda. Un buen puntaje crediticio (por encima de 700) puede significar la diferencia entre obtener un préstamo con una tasa de interés favorable o ser rechazado por completo.

Para muchos recién llegados, resulta desconcertante descubrir que necesitan crédito para construir crédito, lo que parece un círculo vicioso imposible de romper. Sin embargo, existen estrategias para comenzar a construir un historial crediticio desde cero. Una de las más comunes es obtener una tarjeta de crédito asegurada, donde el titular deposita una cantidad de dinero como garantía. Aunque puede parecer contradictorio usar una tarjeta de crédito cuando se tiene el dinero en efectivo, este es precisamente el tipo de comportamiento financiero que la cultura estadounidense valora y recompensa.

El sistema crediticio estadounidense se basa en cinco factores principales: el historial de pagos (35% del puntaje), la cantidad de deuda en relación con el crédito disponible (30%), la longitud del historial crediticio (15%), el tipo de crédito utilizado (10%) y las nuevas solicitudes de crédito (10%). Entender estos componentes es crucial para navegar exitosamente el sistema financiero estadounidense.

Por ejemplo, muchos latinoamericanos se sorprenden al descubrir que cerrar tarjetas de crédito antiguas puede perjudicar su puntaje crediticio, ya que reduce la longitud promedio de su historial crediticio. La importancia del crédito se extiende mucho más allá de los préstamos bancarios tradicionales. Los propietarios de viviendas en alquiler frecuentemente verifican el puntaje crediticio de los posibles inquilinos antes de aprobar una solicitud de renta. Las compañías de seguros pueden usar el puntaje crediticio para determinar las primas de seguro. Incluso algunos empleadores revisan el historial crediticio de los candidatos durante el proceso de contratación, especialmente para posiciones que involucran responsabilidad financiera.

Una peculiaridad del sistema estadounidense que suele sorprender a los inmigrantes es que tener deudas no es necesariamente malo, siempre y cuando se manejen responsablemente. De hecho, tener un mix saludable de diferentes tipos de crédito (tarjetas de crédito, préstamos personales, hipotecas) puede mejorar el puntaje crediticio. Este concepto contrasta fuertemente con la mentalidad prevalente en muchos países latinoamericanos, donde las deudas son vistas principalmente como algo negativo que debe evitarse.

La cultura del crédito en Estados Unidos también refleja valores sociales más amplios como la planificación a largo plazo y la responsabilidad individual. Se espera que las personas gestionen activamente su crédito, revisen regularmente sus reportes crediticios en busca de errores, y tomen medidas proactivas para mantener y mejorar su puntaje. Las tres principales agencias de crédito (Equifax, Experian y TransUnion) proporcionan un reporte crediticio gratuito anual, un derecho que muchos estadounidenses aprovechan como parte de su rutina de mantenimiento financiero.

Para los inmigrantes latinoamericanos, adaptarse a esta cultura del crédito puede representar un desafío significativo. Muchos llegan con hábitos financieros arraigados que, aunque sean prudentes en sus países de origen, pueden resultar contraproducentes en el contexto estadounidense. Por ejemplo, la práctica común en Latinoamérica de ahorrar dinero antes de hacer grandes compras, aunque financieramente conservadora, puede retrasar la construcción de un historial crediticio necesario para objetivos futuros más ambiciosos.

El sistema también presenta riesgos significativos para quienes no están familiarizados con sus matices. Las tarjetas de crédito, en particular, pueden convertirse en una trampa de deuda para quienes no entienden completamente cómo funcionan los intereses compuestos o la importancia de pagar más que el mínimo mensual. Las tasas de interés pueden ser sorprendentemente altas, y las penalizaciones por pagos tardíos pueden tener efectos duraderos en el puntaje crediticio.

La educación financiera se vuelve, por tanto, una herramienta esencial para los inmigrantes que buscan prosperar en el sistema estadounidense. Afortunadamente, existen numerosos recursos gratuitos y organizaciones sin fines de lucro que ofrecen asesoramiento financiero en español, ayudando a los recién llegados a entender y navegar el sistema crediticio estadounidense.

El impacto del crédito en la movilidad social en Estados Unidos no puede subestimarse. Un buen historial crediticio puede abrir puertas a oportunidades de negocios, facilitar la compra de una vivienda, y proporcionar un colchón financiero en tiempos de emergencia. Por el contrario, un mal historial crediticio puede crear obstáculos significativos para el progreso económico, limitando las opciones de vivienda, empleo y financiamiento.

La paradoja del sistema crediticio estadounidense es que, mientras busca promover la responsabilidad financiera, también fomenta un nivel de consumo basado en deuda que puede resultar desconcertante para personas de culturas más conservadoras financieramente. Sin embargo, entender y adaptarse a este sistema es una parte crucial de la integración exitosa en la sociedad estadounidense, requiriendo un delicado balance entre mantener hábitos financieros prudentes y participar activamente en el sistema crediticio.

Celebraciones Estadounidenses

Las celebraciones estadounidenses son un reflejo fascinante de la diversidad cultural y la historia de este país, ofreciendo una ventana única para entender los valores y tradiciones que conforman la identidad americana. Para los inmigrantes latinoamericanos, comprender estas festividades es fundamental no solo para la integración social, sino también para apreciar plenamente la cultura que ahora los rodea.

El calendario estadounidense está marcado por una serie de celebraciones que van más allá de los tradicionales días festivos religiosos. Cada festividad tiene sus propias tradiciones, símbolos y significados que pueden resultar completamente nuevos para quienes provienen de culturas latinoamericanas. Por ejemplo, mientras que en América Latina el Día de la Independencia puede ser una ocasión solemne, el 4 de julio en Estados Unidos es una explosión de celebración con barbacoas, fuegos artificiales y un ambiente festivo que refleja el orgullo nacional de una manera única.

El Día de Acción de Gracias (Thanksgiving) es quizás la celebración más distintivamente estadounidense. Esta festividad, que tiene lugar el cuarto jueves de noviembre, trasciende las diferencias religiosas y culturales para convertirse en un momento de reunión familiar y gratitud. Para muchos inmigrantes, la idea de una celebración centrada en un pavo asado y dedicada específicamente a dar gracias puede parecer inicialmente extraña, pero rápidamente se convierte en una de las tradiciones más apreciadas.

Halloween representa otro aspecto único de la cultura festiva estadounidense. Mientras que en algunos países latinoamericanos se celebra el Día de los Muertos con un tono más solemne y espiritual, Halloween en Estados Unidos es una celebración alegre y comercial donde los niños se disfrazan y piden dulces de casa en casa (trick-or-treat). Esta práctica, que podría parecer extraña o incluso inapropiada en otras culturas, es considerada completamente normal y segura en la sociedad estadounidense.

Las celebraciones navideñas en Estados Unidos también tienen sus particularidades. Aunque comparte elementos con las celebraciones latinoamericanas, como la importancia de la familia y los regalos, el énfasis en Santa Claus, los árboles de Navidad elaboradamente decorados y las luces exteriores puede diferir significativamente de las tradiciones del sur de la frontera. La temporada navideña estadounidense comienza oficialmente con el Black Friday, el día después de Thanksgiving, marcando el inicio de un período de intenso consumo y celebración que dura hasta Año Nuevo.

Otras celebraciones importantes incluyen el Día de Martin Luther King Jr., que conmemora la lucha por los derechos civiles; el Memorial Day, que honra a los caídos en servicio militar; y el Labor Day, que marca el final no oficial del verano. Cada una de estas fechas viene acompañada de sus propias tradiciones, desde desfiles hasta ventas especiales en tiendas, y muchas son ocasiones para reuniones familiares y barbacoas al aire libre.

Un aspecto notable de las celebraciones estadounidenses es su naturaleza inclusiva y adaptable. Aunque muchas tienen raíces religiosas o culturales específicas, han evolucionado para ser celebradas por personas de diversos orígenes. Por ejemplo, el St. Patrick's Day, originalmente una festividad irlandesa católica, se ha convertido en una celebración nacional donde "todos son irlandeses por un día", independientemente de su origen étnico o creencias religiosas.

La comercialización es otro aspecto distintivo de las celebraciones estadounidenses que puede sorprender a los inmigrantes latinoamericanos. Cada festividad tiene su propia temporada de compras, decoraciones específicas y productos relacionados. Esta comercialización, aunque criticada por algunos como excesiva, forma parte integral de cómo se experimentan estas celebraciones en la cultura estadounidense.

Las celebraciones escolares también juegan un papel importante en la vida estadounidense. Eventos como el "100th Day of School", la "Spirit Week" o el "Field Day" son ocasiones que pueden resultar nuevas para las familias inmigrantes, pero son fundamentales en la experiencia educativa de los niños. Estas celebraciones fomentan el sentido de comunidad escolar y proporcionan momentos memorables en el desarrollo de los estudiantes.

Para los inmigrantes latinoamericanos, navegar estas celebraciones puede representar un desafío de adaptación cultural. Muchos se encuentran tratando de mantener un balance entre las tradiciones de su país de origen y la participación en las festividades estadounidenses. Este proceso puede generar una rica fusión cultural, donde las familias incorporan elementos de ambas culturas en sus celebraciones.

La participación en las celebraciones estadounidenses también puede servir como una herramienta valiosa para la integración social y cultural. Compartir estas experiencias con vecinos y compañeros de trabajo ayuda a construir conexiones y entender mejor la mentalidad estadounidense. Además, estas ocasiones proporcionan oportunidades naturales para que los inmigrantes compartan sus propias tradiciones con la comunidad local, contribuyendo así a la diversidad cultural del país.

Un aspecto importante a considerar es cómo estas celebraciones afectan el calendario laboral y escolar. Muchas festividades estadounidenses son días feriados oficiales, lo que significa que las escuelas, bancos y oficinas gubernamentales están cerrados. Entender cuáles son estos días y cómo afectan la vida diaria es crucial para la planificación y organización familiar.

Las celebraciones estadounidenses también reflejan los valores fundamentales de la sociedad: la importancia de la familia, la comunidad, la libertad y la gratitud. Comprender y participar en estas festividades no solo enriquece la experiencia de vivir en Estados Unidos, sino que también ayuda a construir un sentido de pertenencia en la nueva cultura mientras se mantienen las raíces propias.

Navidad a la Americana

La Navidad en Estados Unidos es una experiencia única que combina tradiciones religiosas, culturales y comerciales en una celebración que abarca prácticamente todo el mes de diciembre. Para los latinoamericanos, las diferencias en la forma de celebrar esta festividad pueden resultar sorprendentes y, en ocasiones, hasta desconcertantes.

La temporada navideña estadounidense comienza oficialmente con el Día de Acción de Gracias, cuando las ciudades se transforman casi de la noche a la mañana en un espectáculo de luces y decoraciones. Los centros comerciales se llenan de música navideña, y la figura de Santa Claus se convierte en el centro de atención. A diferencia de muchos países latinoamericanos, donde el Niño Jesús es el protagonista de la entrega de regalos, en Estados Unidos Santa Claus ocupa este papel central.

Las decoraciones navideñas en los hogares estadounidenses son particularmente llamativas. Es común ver casas completamente iluminadas con luces de colores, inflables en los jardines y elaboradas decoraciones que pueden costar miles de dólares. Los vecindarios compiten informalmente por tener las mejores decoraciones, y muchas familias hacen recorridos nocturnos en auto para admirar las casas decoradas, una tradición conocida como "Christmas light viewing".

El árbol de Navidad es un elemento fundamental en la celebración estadounidense. Mientras que en Latinoamérica el pesebre o nacimiento suele ser el centro de las decoraciones hogareñas, en Estados Unidos el árbol toma este protagonismo. Muchas familias mantienen la tradición de visitar granjas de árboles de Navidad para seleccionar y cortar su propio árbol, una experiencia que puede resultar novedosa para los inmigrantes latinos.

Las tradiciones culinarias navideñas también difieren significativamente. En lugar de las tradicionales tamales, pan dulce o hallacas, la cena navideña estadounidense típica puede incluir jamón glaseado, pavo (aunque menos común que en Acción de Gracias), puré de papas y diversos pasteles, siendo el "eggnog" o ponche de huevo una bebida característica de la temporada.

La víspera de Navidad y el día de Navidad se celebran de manera distinta a lo acostumbrado en Latinoamérica. Mientras que en muchos países latinos la celebración principal ocurre en la noche del 24 de diciembre, en Estados Unidos el momento más importante es la mañana del 25. Los niños se despiertan temprano para descubrir los regalos que Santa Claus dejó durante la noche bajo el árbol. Esta tradición incluye dejar galletas y leche para Santa la noche anterior, así como zanahorias para sus renos.

Las compras navideñas son un aspecto fundamental de la celebración estadounidense. El "Black Friday" marca el inicio de la temporada de compras, con ofertas especiales y horarios extendidos en las tiendas. Los centros comerciales se transforman en verdaderos espectáculos navideños, con decoraciones elaboradas y la presencia de Santa Claus, donde los niños pueden tomarse fotos y compartir sus listas de deseos.

Las actividades escolares relacionadas con la Navidad reflejan la naturaleza multicultural de la sociedad estadounidense. Las escuelas suelen organizar "winter concerts" o "holiday shows" en lugar de específicamente "conciertos navideños", reconociendo y respetando la diversidad religiosa de los estudiantes. Los intercambios de regalos entre compañeros de clase, conocidos como "Secret Santa" o "White Elephant", son tradiciones populares que los niños inmigrantes aprenden rápidamente.

Los eventos comunitarios navideños son otra característica distintiva de la celebración estadounidense. Los desfiles navideños, los mercados de artesanías festivas y los conciertos al aire libre son comunes en muchas ciudades. Algunas comunidades organizan "living nativity scenes" o representaciones vivientes del nacimiento, y los coros caroling (cantando villancicos de puerta en puerta) mantienen viva una tradición que puede parecer sacada de una película para muchos inmigrantes.

La música navideña estadounidense merece una mención especial. Desde clásicos como "Jingle Bells" hasta canciones pop modernas, la música navideña comienza a sonar en todas partes desde principios de noviembre. Esta omnipresencia de la música festiva puede resultar abrumadora para quienes están acostumbrados a celebraciones más breves o discretas.

Para muchas familias latinas, adaptarse a la Navidad estadounidense implica encontrar un equilibrio entre mantener sus tradiciones culturales y adoptar nuevas costumbres. Algunas familias optan por celebrar dos veces: la Nochebuena al estilo latino y la mañana de Navidad al estilo estadounidense. Otras incorporan elementos de ambas culturas, creando sus propias tradiciones únicas que reflejan su identidad bicultural.

La dimensión comercial de la Navidad estadounidense puede resultar particularmente llamativa para los inmigrantes latinos. Las expectativas en cuanto a regalos, decoraciones y celebraciones pueden generar presión financiera y social. Es importante entender que no es necesario participar en todos los aspectos comerciales para disfrutar de la temporada navideña.

El aspecto religioso de la Navidad en Estados Unidos varía significativamente según la región y la comunidad. Mientras que algunas áreas mantienen fuertes tradiciones religiosas con servicios de iglesia y representaciones del nacimiento, en otras zonas la celebración es principalmente secular. Esta dualidad puede ser desconcertante para quienes provienen de culturas donde la Navidad mantiene un carácter predominantemente religioso.

El período posterior a la Navidad también tiene sus particularidades. Las ventas post-navideñas son tan importantes como las previas, y muchas familias mantienen sus decoraciones hasta principios de enero. La tradición de devolver o intercambiar regalos es común y aceptada, algo que puede parecer extraño en otras culturas.

Para los recién llegados a Estados Unidos, comprender y adaptarse a estas tradiciones navideñas puede ser parte de un proceso más amplio de adaptación cultural. La clave está en mantener una mente abierta y ver estas diferencias como una oportunidad para enriquecer las propias tradiciones familiares, creando una celebración que honre tanto el patrimonio cultural latino como las nuevas costumbres estadounidenses.

El Día de Acción de Gracias

El Día de Acción de Gracias representa una de las celebraciones más significativas y distintivamente estadounidenses, marcando el comienzo oficial de la temporada festiva de fin de año. Para los latinoamericanos, esta festividad puede resultar inicialmente extraña, ya que no tiene equivalente directo en nuestras culturas, pero comprenderla es fundamental para integrarse en la sociedad estadounidense.

Esta celebración, que se observa el cuarto jueves de noviembre, conmemora la primera cosecha exitosa de los peregrinos en Plymouth, Massachusetts, en 1621, cuando los nativos americanos compartieron sus conocimientos agrícolas con los colonos europeos. Sin embargo, más allá de su origen histórico, el Día de Acción de Gracias se ha convertido en una celebración que trasciende las diferencias religiosas, étnicas y culturales, uniendo a las familias estadounidenses en una tradición común.

El centro de la celebración es la cena familiar, que tradicionalmente incluye pavo asado como plato principal, acompañado de puré de papas, salsa de arándanos, relleno de pan, ejotes, camote dulce y pay de calabaza. La preparación de esta cena es un ritual elaborado que suele comenzar días antes, con las familias planificando meticulosamente el menú y realizando compras extensivas. Para muchos inmigrantes latinos, la combinación de sabores puede parecer inicialmente extraña, especialmente elementos como la salsa de arándanos con el pavo o el pay de calabaza dulce.

La dinámica familiar durante esta festividad es particularmente interesante. A diferencia de muchas celebraciones latinoamericanas donde las reuniones pueden extenderse por días y incluir a la familia extendida y amigos, el Día de Acción de Gracias tiende a ser más íntimo y estructurado. Las familias suelen reunirse específicamente para la cena, que tradicionalmente se sirve a media tarde, entre las 2 y las

5 PM. Este horario puede resultar desconcertante para los latinos acostumbrados a cenas más tardías.

Una tradición fundamental es compartir motivos de agradecimiento antes de la cena. Cada persona en la mesa expresa por qué está agradecida ese año, una práctica que refleja el espíritu original de la festividad y promueve la reflexión y la gratitud. Esta costumbre puede resultar especialmente significativa para los inmigrantes, que a menudo encuentran en ella una oportunidad para expresar su gratitud por las oportunidades encontradas en su nuevo país.

El fútbol americano es otro elemento inseparable de esta celebración. Los partidos televisados durante todo el día son una tradición tan arraigada como el pavo mismo. Para muchos estadounidenses, ver estos juegos en familia es una parte esencial de la celebración, aunque para los latinos que no están familiarizados con este deporte, puede parecer una distracción de la reunión familiar.

El día siguiente al Día de Acción de Gracias, conocido como "Black Friday", marca el inicio oficial de la temporada de compras navideñas. Las tiendas abren muy temprano, algunas incluso a medianoche, ofreciendo descuentos significativos que atraen a multitudes de compradores. Esta tradición comercial puede resultar sorprendente para los inmigrantes, especialmente la intensidad con la que muchos estadounidenses participan en ella.

Para los estudiantes universitarios, el Día de Acción de Gracias marca un breve receso en el semestre académico. Muchos regresan a casa para celebrar con sus familias, lo que puede resultar en aeropuertos y carreteras congestionadas durante los días previos y posteriores a la festividad. Este período de viajes masivos, conocido como el "Thanksgiving rush", es uno de los momentos más ocupados del año para el transporte en Estados Unidos.

Las escuelas primarias y secundarias suelen incorporar la historia del Día de Acción de Gracias en su currículo durante noviembre, aunque en años recientes ha habido un esfuerzo por presentar una visión más balanceada de la historia, reconociendo tanto la perspectiva de los colonos como la de los nativos americanos. Los niños participan en actividades temáticas, como hacer manualidades de pavos y aprender sobre la historia de los peregrinos.

Para los inmigrantes latinos, el Día de Acción de Gracias puede representar una oportunidad única de integración cultural. Muchos adoptan la celebración mientras incorporan elementos de su propia cultura culinaria, creando fusiones interesantes como pavos preparados con especias latinas o acompañamientos tradicionales de sus países de origen junto a los platillos típicos estadounidenses.

Las organizaciones comunitarias y religiosas frecuentemente organizan cenas de Acción de Gracias para personas que no pueden celebrar con sus familias o que atraviesan dificultades económicas. Esta manifestación de solidaridad comunitaria refleja el espíritu original de la celebración y proporciona una red de apoyo valiosa para los inmigrantes recién llegados.

Los preparativos para la celebración comienzan semanas antes, con las familias reservando sus pavos y planificando el menú. Las tiendas se llenan de productos específicos para la festividad, y las revistas y programas de televisión dedican extensos espacios a recetas y consejos para la preparación de la cena tradicional. Esta anticipación y planificación detallada puede contrastar con la naturaleza más espontánea de muchas celebraciones latinoamericanas.

El fin de semana largo de Acción de Gracias también se ha convertido en un momento popular para actividades familiares como decorar la casa para Navidad, ver películas juntos o participar en actividades al aire libre, dependiendo del clima. Algunas comunidades organizan carreras matutinas llamadas "Turkey Trot" antes de la gran cena, una tradición que refleja la preocupación estadounidense por el equilibrio entre la indulgencia alimentaria y la actividad física.

Para muchos latinos que han adoptado Estados Unidos como su hogar, el Día de Acción de Gracias se convierte en un recordatorio tangible de su journey como inmigrantes. La celebración ofrece un momento para reflexionar sobre los desafíos superados, las oportunidades encontradas y los lazos formados en su nuevo país, mientras mantienen viva la conexión con sus raíces culturales.

Halloween y Sus Tradiciones

Halloween, celebrado cada 31 de octubre, representa una de las festividades más distintivas y comercialmente exitosas de la cultura estadounidense. Para muchos latinoamericanos, especialmente aquellos recién llegados a Estados Unidos, la magnitud y el significado de esta celebración pueden resultar sorprendentes, ya que supera ampliamente las observancias del Día de los Muertos o las tradiciones similares en Latinoamérica.

La preparación para Halloween comienza semanas antes, con las tiendas exhibiendo una amplia variedad de decoraciones, disfraces y dulces. Los estadounidenses invierten considerables recursos en transformar sus hogares con telarañas artificiales, calabazas talladas (jack-o'-lanterns), esqueletos, fantasmas y luces especiales. Esta dedicación a la decoración exterior refleja un aspecto importante de la cultura estadounidense: la participación en tradiciones comunitarias y la disposición a invertir en celebraciones estacionales.

El ritual más emblemático de Halloween es el "trick-or-treat" (dulce o truco), donde los niños, vestidos con disfraces, recorren el vecindario tocando puertas y pidiendo dulces. Esta costumbre, que puede parecer extraña para los recién llegados, es considerada completamente segura y normal en la cultura estadounidense. Los padres generalmente acompañan a los niños pequeños, mientras que los mayores suelen ir en grupos. Es importante entender que esta práctica tiene reglas no escritas: se realiza típicamente entre las 5 y las 8 de la noche, solo se visitan casas con las luces del porche encendidas, y se espera que los participantes digan "trick or treat" al abrir la puerta.

La selección del disfraz se ha convertido en una decisión significativa tanto para niños como para adultos. Mientras que en muchas culturas latinas los disfraces tienden a limitarse a personajes tradicionales o religiosos, en Estados Unidos el espectro es mucho más amplio, incluyendo superhéroes, personajes de películas, figuras políticas, y conceptos abstractos. Los disfraces pueden ser elaborados y costosos, reflejando la naturaleza comercial de la celebración, aunque también es común y aceptable crear disfraces caseros.

Para los adolescentes y adultos jóvenes, Halloween ofrece diferentes tipos de celebraciones. Las fiestas de disfraces son extremadamente populares, y muchos bares y clubes organizan eventos especiales. Las universidades suelen tener celebraciones en el campus, y las empresas frecuentemente permiten a sus empleados venir disfrazados al trabajo el 31 de octubre. Esta flexibilidad en el ambiente laboral puede sorprender a los profesionales latinos acostumbrados a entornos más formales.

Las escuelas estadounidenses incorporan activamente Halloween en sus actividades de octubre. Los estudiantes participan en desfiles de disfraces, fiestas en el aula y proyectos de arte relacionados con la temporada. Para los padres latinos, es importante entender que la participación en estas actividades se considera una parte normal del calendario escolar y no tiene connotaciones religiosas o sobrenaturales, a pesar de los orígenes paganos de la festividad.

Un aspecto importante de Halloween es la tradición de tallar calabazas para crear jack-o'-lanterns. Las familias suelen hacer de esto una actividad grupal, seleccionando calabazas en granjas locales o mercados, diseñando caras o patrones, y colocando velas dentro para crear un efecto iluminado. Estas calabazas decoradas se exhiben en los porches como señal de participación en la festividad y para dar la bienvenida a los trick-or-treaters.

El aspecto comercial de Halloween no puede subestimarse. Después de la Navidad, es una de las festividades que genera mayor actividad económica en Estados Unidos. Los estadounidenses gastan miles de millones de dólares en dulces, disfraces, decoraciones y eventos relacionados. Las tiendas comienzan a exhibir productos de Halloween desde finales de agosto, y la planificación de disfraces y decoraciones puede convertirse en un proyecto familiar que dura semanas.

Para muchas comunidades, Halloween también incluye eventos especiales como casas embrujadas, recorridos de "ghost tours", festivales de la cosecha y fiestas comunitarias. Estos eventos proporcionan alternativas seguras al tradicional trick-or-treat y ofrecen oportunidades para la socialización comunitaria. Los parques de diversiones y atracciones turísticas suelen ofrecer eventos temáticos especiales durante todo octubre, convirtiendo la celebración en una temporada completa más que en un solo día.

La seguridad durante Halloween es una preocupación importante en la cultura estadounidense. Los padres revisan los dulces recolectados antes de permitir que sus hijos los consuman, las comunidades organizan eventos en centros comerciales o iglesias como alternativas seguras al trick-or-treat tradicional, y muchas ciudades aumentan la presencia policial durante la noche de Halloween. Esta preocupación por la seguridad refleja tanto la naturaleza protectora de la sociedad estadounidense como la realidad de que la festividad involucra interacciones con extraños.

Para los inmigrantes latinos, Halloween puede representar una oportunidad de integración cultural significativa. Participar en las tradiciones de Halloween, ya sea decorando la casa, repartiendo dulces o permitiendo que los niños participen en el trick-or-treat, puede ayudar a establecer conexiones con los vecinos y la comunidad en general. Además, muchas familias latinas han comenzado a incorporar elementos de sus propias tradiciones culturales, como altares del Día de los Muertos, creando una fusión cultural única.

La evolución de Halloween en Estados Unidos demuestra cómo una festividad puede transformarse de sus raíces religiosas y culturales originales en una celebración secular que une a comunidades diversas. Para los latinoamericanos que se adaptan a la vida en Estados Unidos, comprender y participar en Halloween puede ser un paso importante en el proceso de aculturación, mientras mantienen y comparten sus propias tradiciones culturales.

El 4 de Julio

El 4 de julio representa mucho más que fuegos artificiales y barbacoas para los estadounidenses. Esta fecha marca el nacimiento de una nación y encapsula los valores fundamentales que han definido a Estados Unidos desde su fundación. Para comprender verdaderamente la importancia de esta celebración, es esencial entender su significado histórico y cómo se ha convertido en una de las festividades más importantes del calendario estadounidense.

En 1776, los representantes de las trece colonias originales firmaron la Declaración de Independencia, marcando su separación formal del Imperio Británico. Este documento no solo declaraba la independencia política, sino que también establecía principios fundamentales como la libertad individual y la búsqueda de la felicidad, conceptos que continúan siendo pilares de la sociedad estadounidense moderna. Para los estadounidenses, el 4 de julio no es simplemente un día festivo; es una reafirmación anual de estos valores y una celebración de la identidad nacional.

Las celebraciones del Día de la Independencia comienzan temprano en la mañana y continúan hasta bien entrada la noche. Los desfiles son una tradición fundamental en prácticamente cada ciudad y pueblo del país. Estos eventos comunitarios suelen incluir bandas de música, carrozas decoradas, veteranos de guerra y representantes locales. Para muchos estadounidenses, participar en estos desfiles o simplemente observarlos es una tradición familiar que se transmite de generación en generación. Los niños esperan con anticipación recoger los caramelos que se lanzan desde las carrozas, mientras que los adultos aprovechan la oportunidad para socializar con sus vecinos y mostrar su orgullo patriótico.

Las reuniones familiares y las barbacoas son otro elemento central de esta festividad. A diferencia de otras culturas donde las celebraciones nacionales pueden ser más formales, el 4 de julio se caracteriza por su ambiente relajado y festivo. Las familias y amigos se reúnen en patios traseros, parques o playas para compartir comidas al aire libre. El menú típico incluye hamburguesas, hot dogs, ensalada de papa, maíz a la parrilla y sandía. Es común ver a la gente vistiendo los colores de la bandera estadounidense rojo, blanco y azul, y las decoraciones patrióticas abundan en hogares y espacios públicos.

Para los inmigrantes latinoamericanos, participar en las celebraciones del 4 de julio puede ser una experiencia enriquecedora que ayuda a comprender mejor la cultura estadounidense. Muchos encuentran paralelos entre esta celebración y las fiestas patrias de sus países de origen, reconociendo el valor universal del orgullo nacional y la importancia de recordar los momentos fundacionales de una nación. Sin embargo, es importante notar que la manera de celebrar puede ser bastante diferente. Mientras que en muchos países latinoamericanos las celebraciones nacionales tienen un carácter más formal y militar, el 4 de julio se caracteriza por su naturaleza festiva y familiar.

Los fuegos artificiales son quizás el elemento más emblemático de esta celebración. Al caer la noche, millones de estadounidenses se reúnen en parques, estadios y otros espacios abiertos para presenciar espectaculares exhibiciones de pirotecnia. Estas demostraciones suelen ser organizadas por los gobiernos locales y son gratuitas para el público. En muchas comunidades, las familias también compran sus propios fuegos artificiales para celebrar en casa, aunque las regulaciones sobre su uso varían según el estado y la localidad. Es importante familiarizarse con las leyes locales antes de participar en esta tradición.

La música juega un papel fundamental en las celebraciones del 4 de julio. Canciones patrióticas como "The Star-Spangled Banner", "America the Beautiful" y "God Bless America" resuenan en eventos comunitarios y celebraciones públicas. Muchas ciudades organizan conciertos al aire libre donde las orquestas interpretan música patriótica, culminando frecuentemente con el "1812 Overture" de Tchaikovsky, acompañado de fuegos artificiales. Estos eventos musicales refuerzan el sentimiento de unidad nacional y proporcionan un espacio para la expresión colectiva del patriotismo.

Para los niños, el 4 de julio es un día especialmente memorable. Además de los desfiles y fuegos artificiales, muchas comunidades organizan juegos y actividades especiales para los más pequeños. Concursos de comer sandía o hot dogs, carreras de sacos, y juegos de agua son comunes en las celebraciones comunitarias. Estas actividades ayudan a crear recuerdos duraderos y fomentan un sentido de pertenencia a la comunidad desde una edad temprana.

El aspecto comercial del 4 de julio también es significativo. Las tiendas se llenan de productos temáticos semanas antes de la celebración, desde decoraciones y ropa hasta artículos para fiestas y alimentos especiales. Para muchos comercios, esta es una de las temporadas más importantes del año, especialmente para las tiendas de artículos para exteriores y supermercados. Sin embargo, a diferencia de otras festividades como Navidad, el aspecto comercial no ha llegado a dominar el significado esencial de la celebración.

Para los nuevos inmigrantes, el 4 de julio puede servir como una oportunidad para integrarse más profundamente en la comunidad estadounidense. Participar en las celebraciones locales, ya sea asistiendo a un desfile, organizando una barbacoa con vecinos o disfrutando de los fuegos artificiales, puede ayudar a construir conexiones sociales y comprender mejor la cultura de su nuevo país. Al mismo tiempo, muchos inmigrantes encuentran formas de incorporar elementos de su propia cultura en las celebraciones, creando una fusión única que enriquece la experiencia para todos.

Es importante mencionar que, aunque el 4 de julio es una celebración fundamentalmente patriótica, en la sociedad estadounidense moderna también ha surgido un diálogo más matizado sobre su significado. Algunos grupos utilizan esta fecha para reflexionar sobre la evolución continua del país y los desafíos que aún enfrenta en su búsqueda de los ideales establecidos en la Declaración de

Independencia. Esta capacidad de celebrar los logros nacionales mientras se reconocen las áreas de mejora es una característica importante de la cultura estadounidense contemporánea.

El 4 de julio también marca el punto medio del verano para muchos estadounidenses. Las escuelas están en receso, el clima generalmente es cálido y soleado, y hay un sentimiento general de relajación y disfrute. Muchas familias aprovechan el feriado para realizar viajes cortos o visitar destinos turísticos populares. Las playas, lagos y parques nacionales suelen estar especialmente concurridos durante este fin de semana festivo.

Como inmigrante latinoamericano, comprender y participar en las celebraciones del 4 de julio puede ser una experiencia enriquecedora que contribuye a tu adaptación a la vida en Estados Unidos. No se trata de abandonar tus propias tradiciones culturales, sino de agregar nuevas experiencias que te permitan sentirte parte de tu comunidad adoptiva. La celebración del Día de la Independencia ofrece una oportunidad única para experimentar de primera mano los valores y tradiciones que han dado forma a la sociedad estadounidense durante más de dos siglos.

La Comida Estadounidense

La gastronomía estadounidense es un reflejo fascinante de la historia del país, una mezcla única de influencias culturales que han convergido para crear lo que hoy conocemos como "comida americana". Para el inmigrante latinoamericano, comprender esta cultura culinaria va más allá de simplemente conocer los platillos; implica entender todo un sistema de valores y costumbres que se manifiestan a través de la comida.

La cocina estadounidense tradicional tiene sus raíces en la cultura británica de los primeros colonos, pero ha evolucionado significativamente con las aportaciones de diversos grupos de inmigrantes. Los platos que hoy consideramos típicamente americanos son el resultado de generaciones de adaptación y fusión. Por ejemplo, la hamburguesa, quizás el platillo más emblemático de Estados Unidos, tiene sus orígenes en Hamburgo, Alemania, pero fue reinventada y popularizada en suelo americano hasta convertirse en un símbolo nacional.

Una característica distintiva de la comida estadounidense es su énfasis en las porciones abundantes. Para muchos latinoamericanos, el tamaño de las porciones en restaurantes puede resultar sorprendente al principio. Esta tendencia tiene raíces históricas en la época de la abundancia posterior a la Segunda Guerra Mundial, cuando Estados Unidos emergió como una potencia económica y la prosperidad se reflejaba en la mesa. Es común que los restaurantes ofrezcan la opción de llevar a casa la comida que no se termina (el famoso "doggy bag"), una práctica que en algunos países latinoamericanos podría considerarse de mal gusto, pero que aquí es completamente normal y hasta esperada.

El desayuno americano tradicional merece especial atención. Mientras que en muchos países latinoamericanos el desayuno puede ser ligero, en Estados Unidos suele ser una comida sustancial. Huevos, tocino, pancakes, waffles, hash browns y cereales son elementos típicos del desayuno estadounidense. Los fines de semana, el "brunch" una combinación de desayuno y almuerzo que se sirve a media mañana se ha convertido en una institución social importante, especialmente en áreas urbanas.

La cultura del "comfort food" es otro aspecto fundamental de la gastronomía estadounidense. Estos son platillos que evocan nostalgia y proporcionan consuelo emocional: mac and cheese, meatloaf, apple pie, chicken pot pie, entre otros. Para el inmigrante latino, estos platos pueden parecer inicialmente poco familiares o incluso demasiado simples, pero comprender su importancia cultural ayuda a entender mejor la sociedad estadounidense.

Las variaciones regionales en la cocina estadounidense son significativas. El Sur es conocido por su "soul food" y sus barbacoas, Nueva Inglaterra por sus mariscos y clam chowder, el Medio Oeste por sus guisos reconfortantes, y la costa oeste por su énfasis en ingredientes frescos y fusiones asiáticas. Esta diversidad regional refleja no solo diferentes influencias culturales sino también la vastedad geográfica del país y la disponibilidad histórica de diferentes ingredientes.

La relación de los estadounidenses con la comida rápida es particularmente interesante. Mientras que en muchas culturas latinoamericanas la comida rápida se considera una opción ocasional, en Estados Unidos forma parte integral de la vida cotidiana. Los restaurantes de comida rápida surgieron como respuesta a una sociedad cada vez más móvil y orientada a la eficiencia. Sin embargo, es importante notar que en años recientes ha habido un creciente interés por opciones más saludables y sostenibles.

Los horarios de comida pueden ser un ajuste significativo para los inmigrantes latinos. El almuerzo suele ser más ligero y rápido que en América Latina, frecuentemente consumido en 30 minutos o menos durante la jornada laboral. La cena, servida típicamente entre las 6 y las

8 de la noche, es considerada la comida principal del día y a menudo es el único momento en que toda la familia se reúne en la mesa.

La cultura de snacking o picar entre comidas es otro aspecto distintivo. Los estadounidenses tienen una relación particular con los snacks, y las tiendas ofrecen una variedad aparentemente infinita de opciones. Esta costumbre puede contrastar con culturas donde las comidas están más estructuradas y el picoteo entre comidas es menos común.

El concepto de "eating out" o comer fuera es fundamental en la cultura estadounidense. No es solo una necesidad o un lujo ocasional, sino una parte regular de la vida social. Los restaurantes son lugares donde se celebran ocasiones especiales, se conducen negocios y se socializa con amigos. El sistema de propinas, que puede resultar confuso para los recién llegados, es una parte integral de esta cultura.

La evolución reciente de la gastronomía estadounidense refleja una creciente consciencia sobre la salud y la sostenibilidad. Los mercados de agricultores, los alimentos orgánicos y las opciones vegetarianas y veganas han ganado popularidad significativa. Esta tendencia coexiste con la tradicional cultura de la comida rápida y las porciones abundantes, creando una interesante dualidad en la relación de los estadounidenses con la comida.

Las celebraciones y festividades estadounidenses tienen sus propios platillos tradicionales que son parte fundamental de la experiencia cultural. El pavo en Acción de Gracias, los hot dogs en el 4 de julio, o los dulces en Halloween son ejemplos de cómo la comida está intrínsecamente ligada a las tradiciones nacionales.

Para el inmigrante latinoamericano, adaptarse a la cultura alimentaria estadounidense no significa abandonar sus propias tradiciones culinarias. De hecho, la gastronomía latina ha enriquecido significativamente la escena culinaria estadounidense, especialmente en las últimas décadas. Los tacos, burritos, pupusas y otros platillos latinos se han convertido en parte del panorama gastronómico estadounidense, demostrando la naturaleza adaptativa y inclusiva de la cultura culinaria de este país.

La Cultura del 'Fast Food'

La cultura del "fast food" es uno de los aspectos más característicos y, a la vez, más criticados de la sociedad estadounidense. Este fenómeno, que surgió a mediados del siglo XX, ha transformado no solo la forma en que los estadounidenses se alimentan, sino que también refleja valores culturales fundamentales como la eficiencia, la conveniencia y la velocidad.

Para comprender verdaderamente la cultura del fast food en Estados Unidos, es necesario reconocer que va más allá de simplemente servir comida rápida. Es un reflejo directo del ritmo acelerado de vida que caracteriza a la sociedad estadounidense, donde el tiempo es considerado un recurso sumamente valioso. Los restaurantes de comida rápida surgieron como respuesta a una necesidad social: alimentar a una población cada vez más móvil y ocupada, que valoraba la rapidez y la conveniencia por encima de la tradición culinaria.

La omnipresencia de los establecimientos de comida rápida en el paisaje estadounidense es asombrosa. En prácticamente cada esquina de las ciudades grandes y pequeñas, uno puede encontrar un McDonald's, Burger King, Wendy's o cualquier otra cadena de fast food. Estos restaurantes se han convertido en puntos de referencia en la geografía urbana y suburbana, lugares donde las familias se reúnen para una comida rápida, donde los trabajadores almuerzan durante su breve pausa laboral, y donde los adolescentes encuentran su primer empleo.

Un aspecto fundamental de la cultura del fast food es su accesibilidad económica. Los menús están diseñados para ser asequibles para la mayoría de la población, con opciones que van desde el dólar hasta comidas más elaboradas. Esta democratización de la comida fuera de casa ha permitido que personas de todos los niveles socioeconómicos puedan permitirse comer fuera, algo que en muchos países latinoamericanos todavía se considera un lujo ocasional.

La estandarización es otro elemento clave. Sin importar si estás en Maine o California, un Big Mac tendrá el mismo sabor y presentación. Esta consistencia ha creado una sensación de familiaridad y confianza entre los consumidores estadounidenses, que saben exactamente qué esperar cuando entran a su cadena de fast food favorita. Para muchos inmigrantes latinos, esta previsibilidad puede resultar inicialmente desconcertante, acostumbrados como están a la variedad y personalización de la comida casera.

El concepto de "drive-thru" o servicio al auto es quizás uno de los aspectos más distintivamente estadounidenses de la cultura del fast food. La posibilidad de ordenar, pagar y recibir tu comida sin salir del automóvil es un reflejo perfecto de la cultura de la conveniencia que define a Estados Unidos. Para muchos latinos recién llegados, este sistema puede parecer inicialmente impersonal o incluso perezoso, pero pronto se reconoce como una solución práctica para familias ocupadas o personas con movilidad limitada.

La evolución de la cultura del fast food también ha traído cambios significativos en respuesta a las preocupaciones de salud y las preferencias cambiantes de los consumidores. Muchas cadenas ahora ofrecen opciones más saludables, incluyendo ensaladas, wraps y alternativas vegetarianas. Esta adaptación refleja una creciente conciencia sobre la nutrición en la sociedad estadounidense, aunque la comida rápida tradicional sigue siendo enormemente popular.

Para los inmigrantes latinoamericanos, adaptarse a la cultura del fast food puede ser un proceso gradual. Muchos encuentran inicialmente que los sabores son diferentes a lo que están acostumbrados, más suaves o más dulces, y la cantidad de comida procesada puede ser sorprendente. Sin embargo, con el tiempo, la mayoría encuentra un equilibrio entre mantener sus tradiciones culinarias y aprovechar la conveniencia del fast food cuando sea necesario.

Es importante entender que la cultura del fast food en Estados Unidos no se limita a las grandes cadenas multinacionales. Existe una creciente tendencia hacia el "fast casual", restaurantes que ofrecen comida preparada rápidamente pero con ingredientes de mayor calidad y opciones más saludables. Cadenas como Chipotle, Panera Bread y Sweetgreen representan esta evolución del concepto de comida rápida.

El impacto de la cultura del fast food en la vida familiar estadounidense es significativo. Mientras que en muchas culturas latinas la comida es un momento sagrado para reunirse en familia y compartir una comida preparada con tiempo y cariño, en Estados Unidos es común que las familias ocupadas recurran al fast food como una solución práctica para alimentarse entre actividades y compromisos. Esto no significa que los estadounidenses no valoren las comidas familiares, sino que han adaptado sus hábitos alimenticios a las exigencias de su estilo de vida.

Para los recién llegados a Estados Unidos, es importante entender que la cultura del fast food no define completamente los hábitos alimenticios estadounidenses, sino que es una opción más en un panorama gastronómico diverso. Muchos estadounidenses también valoran la comida casera y las experiencias gastronómicas más elaboradas, pero ven el fast food como una alternativa práctica para ciertas situaciones.

La cultura del fast food también ha influido en cómo los estadounidenses perciben el servicio al cliente. La expectativa de servicio rápido, eficiente y estandarizado se ha extendido a otros sectores de la economía. El modelo de negocio del fast food, con sus procesos optimizados y su énfasis en la velocidad y la consistencia, ha dejado una huella indeleble en la cultura empresarial estadounidense.

En conclusión, la cultura del fast food en Estados Unidos es un fenómeno complejo que refleja valores culturales más amplios como la eficiencia, la conveniencia y la accesibilidad. Para los inmigrantes latinoamericanos, comprender y adaptarse a esta faceta de la cultura estadounidense puede ser un proceso de aprendizaje importante en su experiencia de integración, mientras mantienen un equilibrio saludable con sus propias tradiciones culinarias y valores culturales.

Deportes Americanos

Los deportes en Estados Unidos son mucho más que simples actividades recreativas; representan una parte fundamental del tejido social y cultural del país. Para los inmigrantes latinoamericanos, comprender la importancia y el significado de los deportes americanos es esencial para integrarse plenamente en la sociedad estadounidense.

El béisbol, conocido como "el pasatiempo nacional de América", ocupa un lugar especial en el corazón de la cultura estadounidense. A diferencia del fútbol (soccer) que domina en Latinoamérica, el béisbol en Estados Unidos trasciende lo deportivo para convertirse en una metáfora de la vida americana. Las tardes de verano en el estadio de béisbol, comiendo hot dogs y cacahuetes, son experiencias casi rituales que conectan a generaciones de estadounidenses.

El baloncesto, por su parte, representa la accesibilidad y el sueño americano en su forma más pura. Nacido en Estados Unidos, este deporte se ha convertido en un fenómeno global, pero mantiene un sabor distintivamente americano. Las canchas públicas en parques y escuelas son puntos de encuentro comunitarios donde se forjan amistades y se desarrollan habilidades sociales cruciales.

El hockey sobre hielo, aunque menos popular en regiones del sur, es una parte vital de la cultura deportiva en el norte del país. Para muchos latinoamericanos, este deporte puede resultar inicialmente extraño, pero comprender su importancia ayuda a entender mejor la diversidad regional de la cultura estadounidense.

Un aspecto único de los deportes americanos es su estrecha relación con el sistema educativo. Desde la escuela secundaria hasta la universidad, los deportes escolares son una parte integral de la experiencia educativa. Los "Friday Night Lights" del fútbol americano escolar, por ejemplo, son eventos comunitarios que reúnen a familias enteras. Para muchos padres latinos, puede resultar sorprendente la cantidad de recursos y atención que se dedican a los deportes escolares.

Los deportes universitarios, en particular, representan un fenómeno sin paralelo en Latinoamérica. Las competencias entre universidades atraen audiencias masivas y generan ingresos millonarios. El "March Madness" del baloncesto universitario y los bowls de fútbol americano son eventos que paralizan virtualmente al país. Esta conexión entre educación y deporte refleja la creencia estadounidense en el desarrollo integral del individuo.

La cultura de los fanáticos deportivos en Estados Unidos tiene sus propias particularidades. Las rivalidades entre equipos son intensas, pero generalmente se mantienen dentro de límites respetuosos. La tradición del "tailgating" (reuniones sociales en los estacionamientos antes de los partidos) es un ejemplo perfecto de cómo los deportes sirven como catalizador para la interacción social.

Los deportes profesionales en Estados Unidos funcionan como grandes empresas, con un modelo de negocio único en el mundo. El sistema de drafts, los topes salariales y la ausencia de descensos buscan mantener la competitividad y el equilibrio entre equipos. Para muchos inmigrantes latinos, acostumbrados a sistemas deportivos diferentes, estas reglas pueden parecer inicialmente confusas.

La forma en que se consumen los deportes también es distintivamente americana. Los eventos deportivos son experiencias multimedia completas, con estadísticas detalladas, análisis exhaustivos y una cobertura mediática intensiva. Las "fantasy leagues" y las apuestas deportivas legales son aspectos adicionales de esta cultura deportiva altamente desarrollada.

La participación en deportes recreativos es otro elemento importante de la cultura estadounidense. Las ligas amateur, los equipos corporativos y los deportes intramuros proporcionan oportunidades para que adultos de todas las edades se mantengan activos y socialmente conectados. Para los inmigrantes latinos, participar en estas actividades puede ser una excelente manera de integrarse en sus comunidades.

LA CULTURA ESTADOUNIDENSE

Los deportes también reflejan los cambios sociales en Estados Unidos. La creciente popularidad del fútbol (soccer), impulsada en parte por la población latina, es un ejemplo de cómo la demografía cambiante del país está influyendo en sus preferencias deportivas. El aumento en la visibilidad de las ligas deportivas femeninas refleja los avances en la igualdad de género.

El aspecto comercial de los deportes americanos es particularmente notable. El Super Bowl, por ejemplo, es tanto un evento deportivo como un espectáculo comercial y cultural. Los anuncios publicitarios durante el juego son tan comentados como el partido mismo, y el espectáculo del medio tiempo es un evento cultural por derecho propio.

Para los inmigrantes latinoamericanos, adaptarse a la cultura deportiva estadounidense puede ser un proceso gradual. Aunque el fútbol (soccer) sigue siendo su deporte preferido, muchos descubren el atractivo de los deportes americanos tradicionales y aprenden a apreciar su papel en la sociedad estadounidense. Comprender estos deportes y participar en conversaciones sobre ellos puede ser una herramienta valiosa para la integración social y profesional.

Los deportes en Estados Unidos también sirven como vehículo para la movilidad social. Las becas deportivas universitarias han permitido que innumerables jóvenes, incluidos muchos latinos, accedan a la educación superior. Esta conexión entre el éxito deportivo y las oportunidades educativas es un aspecto único del sistema americano.

En conclusión, los deportes americanos son mucho más que competencias atléticas; son una ventana a los valores, tradiciones y dinámicas sociales de Estados Unidos. Para los inmigrantes latinoamericanos, comprender y participar en la cultura deportiva americana puede enriquecer significativamente su experiencia de integración en su nuevo país.

El Fenómeno del Football

El football americano, a menudo simplemente llamado "football", es quizás el deporte que mejor encarna la cultura estadounidense en toda su complejidad y grandeza. Para los inmigrantes latinoamericanos, comprender este fenómeno deportivo es fundamental para entender la mentalidad y los valores estadounidenses, ya que va mucho más allá de ser un simple juego.

El football americano es una mezcla única de estrategia, fuerza bruta y trabajo en equipo, reflejando muchos aspectos de la sociedad estadounidense. Cada jugada es cuidadosamente planificada, similar a una operación militar, con roles específicos para cada jugador. Esta estructura jerárquica y la importancia de la especialización reflejan la organización típica de las empresas estadounidenses.

La temporada de football, que culmina en el Super Bowl, es prácticamente una religión secular en Estados Unidos. Los domingos de football son sagrados para muchas familias americanas, y es común que las actividades sociales y familiares se programen alrededor de los horarios de los partidos. Para los latinos recién llegados, puede resultar sorprendente ver cómo oficinas enteras se paralizan durante el Super Bowl, o cómo las conversaciones del lunes por la mañana invariablemente giran en torno a los juegos del día anterior.

El aspecto social del football es particularmente significativo. Los "tailgates", fiestas en los estacionamientos antes de los partidos, son una tradición única donde familias y amigos se reúnen para cocinar, beber y socializar. Estas reuniones representan una oportunidad perfecta para que los inmigrantes se integren en la cultura local y establezcan conexiones con sus vecinos estadounidenses.

La NFL (National Football League) es un ejemplo perfecto del capitalismo estadounidense en acción. Con ingresos multimillonarios, contratos lucrativos para jugadores y un sistema de reparto de ingresos que busca mantener la competitividad, la liga ejemplifica los principios de libre mercado que definen la economía americana. El draft anual de la NFL, donde los equipos seleccionan nuevos jugadores, es un evento televisado que cautiva a millones de espectadores y representa la meritocracia tan valorada en la cultura estadounidense.

El football universitario merece una mención especial, ya que en muchas regiones es incluso más popular que el profesional. Los estadios universitarios pueden albergar más de 100,000 espectadores, y la pasión que genera el football colegial es incomparable. Las rivalidades entre universidades, algunas con más de un siglo de historia, son parte fundamental de la identidad regional y cultural de muchas comunidades.

Para los padres latinos, puede resultar sorprendente la importancia que se le da al football en las escuelas secundarias. Los "Friday Night Lights" son eventos que unen a comunidades enteras, y el éxito en el football escolar puede abrir puertas para becas universitarias. Sin embargo, es importante entender los riesgos asociados con este deporte, especialmente las lesiones y conmociones cerebrales, tema que ha generado considerable debate en la sociedad estadounidense.

El lenguaje del football ha permeado la cultura popular y el habla cotidiana. Expresiones como "touchdown", "quarterback" o "Hail Mary" se utilizan frecuentemente en contextos no deportivos. Para los hispanohablantes, familiarizarse con esta terminología puede ser útil tanto en el ámbito social como profesional.

El Super Bowl representa la culminación de la temporada y es el evento televisivo más visto del año en Estados Unidos. Más que un partido de football, es un espectáculo cultural que incluye actuaciones musicales de primer nivel y comerciales especialmente producidos para la ocasión. Las fiestas del Super Bowl son eventos sociales importantes donde incluso quienes no siguen el deporte participan en las celebraciones.

La evolución del football refleja también los cambios sociales en Estados Unidos. La liga ha tenido que abordar temas como el racismo, la violencia doméstica y las protestas políticas, convirtiéndose en un escenario para debates nacionales sobre estos temas. La creciente preocupación por la seguridad de los jugadores ha llevado a cambios en las reglas y mejoras en el equipamiento protector.

Para los inmigrantes latinos, el football puede parecer inicialmente complejo y difícil de entender. Las reglas son más complicadas que las del fútbol soccer, y el ritmo del juego, con sus frecuentes interrupciones, puede resultar desconcertante. Sin embargo, invertir tiempo en aprender sobre este deporte puede facilitar la integración social y cultural en Estados Unidos.

El papel de las mujeres en el football también está evolucionando. Aunque tradicionalmente ha sido un deporte dominado por hombres, cada vez hay más mujeres involucradas como entrenadoras, árbitras y ejecutivas. Algunas escuelas secundarias incluso tienen jugadoras en sus equipos, reflejando los cambios en los roles de género en la sociedad estadounidense.

La tecnología ha transformado la manera en que se consume el football. Las fantasy leagues, donde los participantes crean equipos virtuales con jugadores reales, han añadido una nueva dimensión al deporte. Las redes sociales y las aplicaciones móviles permiten a los fanáticos seguir a sus equipos y jugadores favoritos de manera más cercana que nunca.

El impacto económico del football en las comunidades locales es significativo. Los estadios generan empleos y atraen turismo, mientras que los equipos profesionales y universitarios contribuyen significativamente a las economías locales. Para muchas ciudades, tener un equipo de la NFL es una fuente de orgullo y identidad comunitaria.

En conclusión, el football americano es mucho más que un deporte; es un fenómeno cultural que refleja y moldea la sociedad estadounidense. Para los inmigrantes latinoamericanos, comprender su importancia y participar en su cultura puede ser una herramienta valiosa para la integración y el entendimiento cultural. Aunque no es necesario convertirse en un fanático apasionado, tener un conocimiento básico del deporte y su significado cultural puede enriquecer significativamente la experiencia de vivir en Estados Unidos.

La Política en la Vida Diaria

La política en Estados Unidos es un aspecto omnipresente de la vida cotidiana, con una intensidad y un nivel de participación ciudadana que puede sorprender a muchos inmigrantes latinoamericanos. A diferencia de algunos países donde la política se mantiene más distante de las conversaciones diarias, en Estados Unidos es común encontrar discusiones políticas en prácticamente cualquier espacio social.

Los estadounidenses tienen una larga tradición de debate político abierto que se remonta a los días de la fundación del país. Las conversaciones sobre política ocurren en la mesa familiar, en el trabajo, en reuniones sociales y especialmente en las redes sociales. Para muchos inmigrantes latinos, esta apertura para discutir temas políticos puede resultar inicialmente incómoda, especialmente si provienen de países donde tales discusiones son consideradas tabú o potencialmente conflictivas.

El sistema bipartidista estadounidense, dominado por los partidos Demócrata y Republicano, ha creado una dinámica particular en la sociedad. Es común que las personas se identifiquen abiertamente como "demócratas" o "republicanos", algo que influye no solo en sus preferencias electorales sino también en sus relaciones sociales, elección de medios de comunicación e incluso en sus decisiones de consumo. Esta polarización política ha aumentado en las últimas décadas, llegando a afectar amistades y relaciones familiares.

Las señales de afiliación política son visibles en la vida cotidiana. Los estadounidenses no dudan en mostrar su apoyo político a través de calcomanías en sus autos, carteles en sus jardines, gorras, camisetas y otros artículos que declaran abiertamente sus preferencias políticas. Durante las temporadas electorales, estas manifestaciones se intensifican, y es común ver debates improvisados entre vecinos o compañeros de trabajo.

LA CULTURA ESTADOUNIDENSE 117

El ciclo de noticias político es constante y omnipresente. Los canales de noticias por cable dedican una cantidad significativa de tiempo a la cobertura política, y las redes sociales están saturadas de contenido político. Para los inmigrantes latinos, puede ser abrumador el nivel de atención que se presta a cada declaración política, cada tweet de un funcionario público o cada nueva encuesta de opinión.

Las elecciones en Estados Unidos son eventos que movilizan a toda la sociedad. Desde las elecciones presidenciales hasta las locales para el consejo escolar, existe una cultura de participación ciudadana activa. Los estadounidenses valoran su derecho al voto y esperan que los ciudadanos naturalizados también participen en el proceso democrático. Las campañas electorales son largas y costosas, con debates televisados, anuncios publicitarios intensivos y eventos de recaudación de fondos que forman parte del paisaje cultural.

El activismo político es visto como una expresión natural de la ciudadanía. Las manifestaciones, protestas pacíficas y la participación en reuniones del consejo municipal son consideradas formas legítimas de expresión política. Los estadounidenses tienen una larga tradición de organizarse en grupos de base para promover causas específicas, desde temas ambientales hasta reformas educativas.

En el lugar de trabajo, las discusiones políticas pueden ser complejas de navegar. Aunque técnicamente está protegido el derecho a expresar opiniones políticas, muchos lugares de trabajo tienen políticas sobre discusiones políticas para mantener un ambiente profesional armonioso. Para los inmigrantes latinos, es importante aprender a leer el ambiente y entender cuándo es apropiado participar en estas conversaciones.

Las redes sociales han amplificado el rol de la política en la vida diaria. Las plataformas como Facebook, Twitter e Instagram se han convertido en campos de batalla ideológicos donde las personas comparten noticias, opiniones y debaten temas políticos constantemente. Esta exposición constante a contenido político puede ser estresante y polarizante, especialmente para quienes están tratando de adaptarse a la cultura estadounidense.

La educación cívica es altamente valorada en la sociedad estadounidense. Las escuelas dedican tiempo considerable a enseñar sobre el sistema político, la Constitución y los derechos y responsabilidades ciudadanas. Para los padres latinos, es importante entender que sus hijos estarán expuestos a estas discusiones desde temprana edad y que se espera que desarrollen su propia conciencia política.

Los medios de comunicación en Estados Unidos tienen claras inclinaciones políticas, y es común que las personas consuman noticias que refuerzan sus propias creencias políticas. Para los inmigrantes, es importante desarrollar un sentido crítico y buscar información de múltiples fuentes para formar opiniones informadas sobre temas políticos.

Las festividades y celebraciones nacionales a menudo tienen un componente político. El Día de la Independencia, el Día de los Veteranos y el Día de Martin Luther King Jr. son ocasiones para reflexionar sobre los valores políticos y sociales del país. Estas celebraciones suelen incluir discursos políticos y debates sobre el significado actual de estos eventos históricos.

La política local tiene un impacto directo en la vida cotidiana. Las decisiones sobre escuelas, impuestos a la propiedad, desarrollo urbano y servicios públicos se toman a nivel local, y se espera que los residentes participen en estos procesos. Las reuniones del consejo municipal y las juntas escolares están abiertas al público y son espacios importantes para la participación ciudadana.

Para los inmigrantes latinos que buscan la ciudadanía estadounidense, comprender el sistema político es fundamental. El examen de ciudadanía incluye preguntas sobre el gobierno y la historia política del país. Además, muchos consideran que estar informado

LA CULTURA ESTADOUNIDENSE

sobre la política es parte integral de ser un ciudadano estadounidense responsable.

La manera en que la política influye en las relaciones personales puede ser particularmente desafiante para los inmigrantes latinos, que a menudo provienen de culturas donde la armonía social se valora por encima del debate político. Aprender a mantener relaciones respetuosas a pesar de las diferencias políticas es una habilidad importante en la sociedad estadounidense.

En conclusión, la política en la vida diaria estadounidense es una fuerza omnipresente que requiere atención y comprensión por parte de los inmigrantes latinos. Aunque puede resultar abrumador al principio, desarrollar un entendimiento del panorama político y aprender a navegar las conversaciones políticas es crucial para una integración exitosa en la sociedad estadounidense. La clave está en encontrar un equilibrio entre mantenerse informado y participativo sin permitir que las diferencias políticas afecten negativamente las relaciones personales y profesionales.

Religión y Sociedad

La religión en Estados Unidos juega un papel fundamental en la sociedad, aunque de una manera distintivamente diferente a como se manifiesta en América Latina. A pesar de la separación constitucional entre iglesia y estado, la fe religiosa mantiene una presencia significativa en la vida cotidiana estadounidense, manifestándose de formas que pueden sorprender a los inmigrantes latinoamericanos.

La diversidad religiosa es una característica definitoria de la sociedad estadounidense. Mientras que en América Latina el catolicismo ha sido históricamente dominante, Estados Unidos alberga una amplia variedad de denominaciones cristianas, junto con comunidades judías, musulmanas, budistas, hindúes y muchas otras faiths. Esta diversidad se refleja en el paisaje urbano, donde es común ver iglesias de diferentes denominaciones, sinagogas, mezquitas y templos compartiendo el mismo vecindario.

La práctica religiosa en Estados Unidos tiende a ser más estructurada y comunitaria que en muchos países latinoamericanos. Las congregaciones religiosas no son solo lugares de culto, sino centros comunitarios que ofrecen una amplia gama de servicios y actividades sociales. Es común que las iglesias organicen grupos juveniles, estudios bíblicos, actividades recreativas, programas educativos y eventos sociales. Para muchos inmigrantes, estas congregaciones se convierten en importantes redes de apoyo y puntos de conexión con la comunidad local.

Una característica distintiva de la religiosidad estadounidense es su aspecto empresarial. Muchas congregaciones operan como organizaciones bien estructuradas, con presupuestos significativos, personal administrativo y programas de mercadeo. Las "megaiglesias", un fenómeno típicamente estadounidense, pueden tener miles de miembros y ofrecer servicios que van desde guarderías hasta programas de asesoramiento financiero.

La expresión pública de la fe es más abierta y directa en Estados Unidos que en muchos países latinoamericanos. Es común que las personas hablen abiertamente sobre sus creencias religiosas, incluso en entornos profesionales. Frases como "God bless you" o referencias a la oración son parte del lenguaje cotidiano, incluso en contextos seculares. Sin embargo, es importante entender que esta apertura coexiste con un fuerte respeto por la libertad religiosa individual.

El calendario social estadounidense está marcado por festividades religiosas, aunque muchas han adquirido un carácter secular. La Navidad, la Pascua y otras celebraciones cristianas son observadas nacionalmente, pero a menudo con un enfoque más comercial y cultural que estrictamente religioso. Para los inmigrantes latinos, puede ser sorprendente ver cómo estas festividades, que en sus países de origen tienen un carácter principalmente religioso, aquí adquieren dimensiones diferentes.

Las congregaciones religiosas en Estados Unidos frecuentemente asumen roles de servicio comunitario y activismo social. Muchas iglesias operan bancos de alimentos, programas de asistencia a personas sin hogar, servicios de apoyo a inmigrantes y otras iniciativas de ayuda social. Esta dimensión de servicio comunitario es vista como una extensión natural de la fe y es altamente valorada en la sociedad estadounidense.

El ambiente laboral estadounidense generalmente respeta las prácticas religiosas de los empleados. Las leyes federales requieren que los empleadores hagan "acomodaciones razonables" para las prácticas religiosas de sus trabajadores, como permitir tiempo para la oración o respetar días sagrados. Sin embargo, se espera que estas prácticas no interfieran significativamente con las operaciones del negocio.

La educación religiosa en Estados Unidos típicamente ocurre fuera del sistema escolar público, debido a la separación constitucional entre iglesia y estado. Muchas familias optan por enviar a sus hijos a "Sunday School" o escuelas religiosas privadas. Para los inmigrantes latinos acostumbrados a la educación religiosa integrada en las escuelas públicas, este sistema puede requerir ajustes en la manera de transmitir valores religiosos a sus hijos.

Las bodas y otros rituales de vida en Estados Unidos frecuentemente reflejan esta mezcla única de tradición religiosa y pragmatismo moderno. Es común ver ceremonias que combinan elementos religiosos con prácticas seculares, y existe una gran flexibilidad en cómo las parejas eligen celebrar estos momentos importantes.

La política y la religión en Estados Unidos tienen una relación compleja y a veces controversial. Aunque existe una separación legal entre iglesia y estado, los valores religiosos frecuentemente influyen en el debate público y las decisiones políticas. Para los inmigrantes latinos, puede ser importante entender cómo navegar estas intersecciones entre fe y política en su nuevo contexto cultural.

Las congregaciones religiosas también sirven como importantes espacios de preservación cultural para las comunidades inmigrantes. Muchas iglesias ofrecen servicios en español y mantienen tradiciones religiosas latinoamericanas, proporcionando un puente entre la cultura de origen y la nueva realidad estadounidense.

El diálogo interreligioso es activamente promovido en muchas comunidades estadounidenses. Es común ver eventos y programas que reúnen a personas de diferentes faiths para fomentar el entendimiento mutuo y la cooperación comunitaria. Esta apertura al diálogo interreligioso puede ser una experiencia enriquecedora para los inmigrantes latinos.

En conclusión, comprender el rol de la religión en la sociedad estadounidense es crucial para los inmigrantes latinoamericanos. Aunque la expresión religiosa puede ser diferente a lo que están acostumbrados, las congregaciones religiosas pueden proporcionar valiosos recursos de apoyo y conexión comunitaria. La clave está en encontrar un balance entre mantener las propias tradiciones religiosas mientras se adaptan a las normas y expectativas de la sociedad estadounidense.

El Voluntariado y Servicio Comunitario

El voluntariado y el servicio comunitario son pilares fundamentales de la sociedad estadounidense, representando valores profundamente arraigados que pueden resultar sorprendentes para muchos inmigrantes latinoamericanos. Esta cultura de servicio voluntario refleja una mezcla única de individualismo y responsabilidad social que caracteriza al ethos estadounidense.

En Estados Unidos, el voluntariado se considera una responsabilidad cívica y una forma valiosa de contribuir a la sociedad. Desde una edad temprana, los estadounidenses son alentados a participar en actividades de servicio comunitario, ya sea a través de programas escolares, organizaciones religiosas o grupos cívicos. Esta exposición temprana al voluntariado ayuda a formar un hábito de servicio que frecuentemente continúa durante toda la vida.

Las oportunidades para el voluntariado son vastas y diversas. Las personas pueden contribuir en bancos de alimentos, refugios para personas sin hogar, hospitales, bibliotecas, escuelas, organizaciones ambientales, refugios de animales y numerosas otras instituciones. Esta variedad permite que cada individuo encuentre una causa que resuene con sus intereses y valores personales. Para los inmigrantes latinos, el voluntariado puede ser una excelente manera de integrarse en la comunidad, practicar el inglés y desarrollar conexiones profesionales.

El sistema educativo estadounidense frecuentemente incorpora el servicio comunitario como parte integral del desarrollo estudiantil. Muchas escuelas secundarias requieren un número específico de horas de servicio comunitario para graduarse, y las universidades valoran significativamente las experiencias de voluntariado en sus procesos de admisión. Este énfasis en el servicio comunitario refleja la creencia de que la educación debe incluir no solo el desarrollo académico sino también la formación de ciudadanos socialmente responsables.

En el ámbito profesional, el voluntariado es visto como una experiencia valiosa que puede mejorar significativamente un currículum. Muchos empleadores estadounidenses consideran el servicio comunitario como una indicación de liderazgo, iniciativa y habilidades interpersonales. Para los inmigrantes que buscan establecerse profesionalmente, el voluntariado puede proporcionar experiencia laboral relevante y referencias profesionales importantes.

Las corporaciones estadounidenses también participan activamente en el servicio comunitario a través de programas de responsabilidad social empresarial. Muchas empresas organizan días de servicio comunitario para sus empleados, hacen donaciones significativas a causas sociales y establecen fundaciones corporativas. Esta integración del servicio comunitario en la cultura corporativa refleja la expectativa social de que las empresas deben contribuir al bienestar de sus comunidades.

El concepto de "dar back" (retribuir a la sociedad) es fundamental en la cultura estadounidense del voluntariado. Existe una fuerte creencia de que aquellos que han alcanzado el éxito tienen la responsabilidad de ayudar a otros. Esta mentalidad se manifiesta en la filantropía individual y corporativa, así como en el servicio personal directo a la comunidad.

Las organizaciones sin fines de lucro juegan un papel crucial en la cultura del voluntariado estadounidense. Estas organizaciones dependen significativamente del trabajo voluntario para cumplir sus misiones sociales. Para los inmigrantes latinos, familiarizarse con el sector sin fines de lucro puede abrir puertas a oportunidades de networking y desarrollo profesional, además de proporcionar una manera significativa de contribuir a sus comunidades adoptivas.

El voluntariado en Estados Unidos también tiene un importante componente intergeneracional. Es común ver a familias enteras participando juntas en actividades de servicio comunitario, lo que ayuda a transmitir valores de altruismo y responsabilidad social a las generaciones más jóvenes. Para las familias inmigrantes, estas experiencias compartidas pueden proporcionar valiosas oportunidades de aprendizaje cultural y fortalecimiento de lazos familiares.

Las redes sociales y la tecnología han transformado la manera en que las personas se conectan con oportunidades de voluntariado. Existen numerosas plataformas en línea que facilitan la búsqueda y coordinación de actividades de servicio comunitario. Esta accesibilidad digital ha democratizado el voluntariado, permitiendo que más personas encuentren y participen en causas significativas.

Durante crisis y desastres naturales, el espíritu de voluntariado estadounidense se hace particularmente evidente. Las comunidades se movilizan rápidamente para ayudar a los afectados, demostrando una capacidad impresionante para la organización y la acción colectiva. Esta respuesta comunitaria refleja un sentido profundo de responsabilidad mutua y solidaridad social.

Para muchos inmigrantes latinos, la cultura del voluntariado puede representar un ajuste significativo. Mientras que en América Latina el apoyo comunitario frecuentemente ocurre a través de redes familiares y sociales informales, el sistema más estructurado de voluntariado en Estados Unidos puede requerir una adaptación cultural. Sin embargo, esta adaptación puede proporcionar beneficios significativos en términos de integración social y desarrollo personal.

El servicio comunitario también sirve como un importante canal para el activismo social y el cambio sistémico. Muchas organizaciones combinan el servicio directo con la defensa de políticas y la educación pública, permitiendo que los voluntarios contribuyan a cambios más amplios en la sociedad. Para los inmigrantes latinos, este aspecto del voluntariado puede proporcionar una vía para abordar problemas que afectan a sus comunidades.

En conclusión, comprender y participar en la cultura del voluntariado estadounidense puede ser una parte crucial del proceso de adaptación para los inmigrantes latinoamericanos. El servicio comunitario no solo proporciona oportunidades para el desarrollo personal y profesional, sino que también facilita la integración social y la comprensión cultural. Al participar en el voluntariado, los inmigrantes pueden contribuir significativamente a sus comunidades adoptivas mientras construyen conexiones valiosas y adquieren experiencias enriquecedoras.

La Cultura del 'DIY'

La cultura del "Do It Yourself" (DIY) o "Hazlo tú mismo" es un fenómeno profundamente arraigado en la sociedad estadounidense que refleja valores fundamentales como la independencia, la autosuficiencia y la creatividad práctica. Para muchos latinoamericanos, esta tendencia puede resultar sorprendente, especialmente cuando provienen de culturas donde es más común contratar especialistas para realizar tareas domésticas y reparaciones.

En Estados Unidos, existe un orgullo particular en aprender a realizar tareas por uno mismo, desde proyectos de mejoras del hogar hasta reparaciones automotrices básicas. Esta mentalidad se remonta a los primeros colonos y pioneros, quienes necesitaban ser autosuficientes para sobrevivir en la frontera americana. Hoy en día, esta tradición continúa manifestándose en la vida cotidiana moderna, aunque con herramientas y recursos más sofisticados.

Las tiendas de mejoras para el hogar como Home Depot y Lowe's son testimonio de esta cultura DIY. Estos establecimientos no solo venden materiales y herramientas, sino que también ofrecen talleres gratuitos donde los clientes pueden aprender habilidades básicas de carpintería, plomería, jardinería y más. Para muchos estadounidenses, pasar el fin de semana en proyectos de mejora del hogar es una actividad común y satisfactoria, vista no solo como una manera de ahorrar dinero sino también como una forma de desarrollo personal.

El movimiento DIY se ha expandido más allá de las mejoras del hogar tradicionales. Abarca una amplia gama de actividades, desde la elaboración de cerveza artesanal y la conservación de alimentos hasta la confección de ropa y la creación de muebles. Esta tendencia se ha acelerado con el advenimiento de plataformas como YouTube y Pinterest, que proporcionan tutoriales detallados y recursos educativos gratuitos para prácticamente cualquier proyecto imaginable.

LA CULTURA ESTADOUNIDENSE

Para los inmigrantes latinos, adaptarse a esta cultura puede representar un cambio significativo de mentalidad. En muchos países latinoamericanos, es común depender de especialistas incluso para tareas relativamente simples, ya sea por costumbre cultural o por el menor costo relativo de la mano de obra. Sin embargo, en Estados Unidos, donde la mano de obra especializada puede ser costosa, el DIY no solo es económicamente ventajoso sino que también es visto como una forma de empoderamiento personal.

El aspecto educativo del DIY es particularmente notable en la crianza de los hijos estadounidenses. Los padres a menudo involucran a sus hijos en proyectos domésticos desde una edad temprana, enseñándoles habilidades prácticas y fomentando un sentido de capacidad y autosuficiencia. Esta práctica contrasta con algunas culturas latinoamericanas donde los niños pueden ser mantenidos al margen de tales actividades por preocupaciones de seguridad o tradición.

La cultura DIY también se refleja en el sistema educativo estadounidense, donde las clases de "shop" (taller) y tecnología aplicada han sido tradicionalmente parte del plan de estudios. Aunque estas clases han disminuido en algunas escuelas, el énfasis en las habilidades prácticas y la resolución de problemas continúa siendo un aspecto valorado de la educación estadounidense.

El movimiento maker, una extensión moderna del DIY, ha ganado considerable impulso en Estados Unidos. Este fenómeno combina las habilidades tradicionales de bricolaje con tecnología moderna como la impresión 3D, la programación y la electrónica. Los espacios maker y los hackerspaces están surgiendo en comunidades por todo el país, proporcionando herramientas, recursos y comunidad para aquellos interesados en crear y experimentar.

Internet ha revolucionado la cultura DIY al democratizar el acceso al conocimiento. Los foros en línea, blogs especializados y comunidades virtuales permiten que las personas compartan experiencias, consejos y soluciones a problemas comunes. Para los inmigrantes latinos, estos recursos pueden ser particularmente valiosos ya que proporcionan información detallada en múltiples idiomas y permiten aprender a su propio ritmo.

La cultura DIY también tiene un componente ambiental y de sostenibilidad. Muchos estadounidenses ven el DIY como una forma de reducir el consumo, reutilizar materiales y minimizar su impacto ambiental. Esta tendencia se manifiesta en proyectos de upcycling (reutilización creativa), jardinería urbana y reparación de artículos en lugar de reemplazarlos.

Sin embargo, es importante entender los límites del DIY en el contexto estadounidense. Ciertas tareas, especialmente aquellas que involucran electricidad, plomería compleja o estructuras principales del hogar, generalmente requieren licencias y permisos específicos. Los códigos de construcción y las regulaciones de seguridad son tomados muy en serio, y las violaciones pueden resultar en multas significativas o problemas legales.

Para los inmigrantes latinos que desean adaptarse a esta cultura, el primer paso puede ser comenzar con proyectos pequeños y manejables. Las reparaciones básicas del hogar, el mantenimiento del jardín o proyectos de decoración pueden ser buenos puntos de partida. A medida que se desarrolla la confianza y la habilidad, se pueden abordar proyectos más complejos.

La cultura DIY también tiene un aspecto social importante. Las personas frecuentemente comparten sus proyectos y conocimientos con amigos y vecinos, creando conexiones comunitarias. Para los inmigrantes, participar en esta cultura puede proporcionar oportunidades valiosas para la integración social y el desarrollo de relaciones con sus vecinos estadounidenses.

El aspecto económico del DIY no debe subestimarse. En un país donde los servicios profesionales pueden ser costosos, la capacidad de realizar reparaciones y mejoras por uno mismo puede resultar en ahorros significativos a largo plazo. Además, las habilidades DIY pueden ser valiosas en el mercado laboral, especialmente en campos relacionados con el mantenimiento, la construcción o la tecnología.

En conclusión, la cultura DIY es un aspecto fundamental de la vida estadounidense que refleja valores profundos de independencia y autosuficiencia. Para los inmigrantes latinoamericanos, adaptarse a esta mentalidad puede requerir un ajuste significativo, pero también puede proporcionar beneficios sustanciales en términos de desarrollo personal, ahorro económico e integración cultural. Comprender y participar en esta cultura puede ser una parte importante del proceso de adaptación a la vida en Estados Unidos.

El Sistema de Salud

El sistema de salud estadounidense es uno de los aspectos más complejos y frecuentemente desconcertantes para los inmigrantes latinoamericanos, especialmente cuando provienen de países con sistemas de salud públicos universales. A diferencia de la mayoría de las naciones desarrolladas, Estados Unidos opera bajo un sistema predominantemente privado que combina seguros médicos, pagos directos y programas gubernamentales limitados.

La piedra angular del sistema de salud estadounidense es el seguro médico, que típicamente se obtiene a través del empleador. Este concepto puede ser nuevo para muchos inmigrantes latinos, ya que en sus países de origen la atención médica suele ser proporcionada directamente por el estado. Los seguros médicos en Estados Unidos funcionan mediante un sistema de primas mensuales, deducibles anuales y copagos por servicio, términos que requieren tiempo para comprender y navegar efectivamente.

El seguro médico proporcionado por el empleador generalmente cubre al trabajador y puede extenderse a su familia, aunque esto frecuentemente implica costos adicionales. Es importante entender que no todos los empleadores están obligados a ofrecer seguro médico, y cuando lo hacen, los planes y la cobertura pueden variar significativamente. Los trabajadores a menudo deben tomar decisiones complejas durante el período de inscripción abierta, evaluando diferentes planes y opciones de cobertura.

Para aquellos que no tienen acceso a un seguro médico a través del trabajo, existen otras opciones, aunque pueden ser más costosas. El Mercado de Seguros Médicos, establecido por la Ley del Cuidado de Salud a Bajo Precio (Obamacare), permite a las personas comprar seguros privados, a menudo con subsidios basados en sus ingresos. Sin embargo, navegar este sistema puede ser desafiante, especialmente para quienes no están familiarizados con el inglés o con los conceptos básicos de seguros.

Los programas gubernamentales como Medicaid y Medicare proporcionan cobertura para poblaciones específicas. Medicaid está diseñado para personas de bajos ingresos y varía significativamente por estado, mientras que Medicare es principalmente para personas mayores de 65 años y algunos individuos con discapacidades. Para los inmigrantes, es crucial entender que el acceso a estos programas puede estar limitado por su estatus migratorio y el tiempo de residencia en el país.

Una característica distintiva del sistema de salud estadounidense es la necesidad de ser proactivo y autogestionar la atención médica. Esto incluye seleccionar un médico de atención primaria, programar chequeos preventivos regulares y mantener registros de la historia médica personal. Para muchos latinos, este nivel de participación activa en el cuidado de la salud puede ser diferente de sus experiencias previas.

La estructura de los servicios médicos en Estados Unidos también difiere significativamente de América Latina. Las citas médicas deben programarse con anticipación, y las visitas sin cita previa son menos comunes y generalmente más costosas. Los servicios de emergencia, aunque siempre disponibles, pueden resultar extremadamente caros si no se tienen cubiertos por un seguro adecuado.

La medicina preventiva juega un papel crucial en el sistema estadounidense. Los seguros médicos generalmente cubren chequeos anuales y exámenes preventivos sin costo adicional, ya que se considera que prevenir enfermedades es más efectivo y económico que tratarlas. Esta perspectiva puede contrastar con culturas donde se busca atención médica principalmente en respuesta a síntomas o enfermedades.

Los costos médicos en Estados Unidos son notoriamente altos en comparación con otros países. Incluso con seguro médico, los gastos de bolsillo pueden ser significativos debido a deducibles, copagos y servicios no cubiertos. Es crucial entender estos costos y planificar para emergencias médicas, ya que las facturas médicas son una de las principales causas de bancarrota personal en el país.

La terminología médica y de seguros puede ser particularmente desafiante para los inmigrantes latinos. Términos como "deducible", "copago", "coaseguro", "red de proveedores" y "autorización previa" son fundamentales para navegar el sistema, pero pueden ser confusos incluso para hablantes nativos de inglés. Es importante familiarizarse con estos términos y no dudar en pedir aclaraciones cuando sea necesario.

La comunicación con los proveedores de atención médica también puede presentar desafíos culturales y lingüísticos. Aunque muchos centros médicos ofrecen servicios de interpretación, la calidad y disponibilidad pueden variar. Es importante conocer los derechos como paciente, incluyendo el derecho a solicitar un intérprete cuando sea necesario.

El sistema farmacéutico estadounidense también tiene sus particularidades. Los medicamentos recetados pueden ser costosos, y muchos medicamentos que son de venta libre en países latinoamericanos requieren receta médica en Estados Unidos. Los planes de seguro suelen incluir cobertura de medicamentos recetados, pero con diferentes niveles de copago según el tipo de medicamento.

La salud mental es otro aspecto importante del sistema de salud estadounidense, aunque el acceso a estos servicios puede variar significativamente. A diferencia de algunos países latinoamericanos donde el estigma alrededor de la salud mental puede ser más pronunciado, en Estados Unidos se fomenta activamente la búsqueda de ayuda profesional para problemas de salud mental.

Para maximizar los beneficios del sistema de salud estadounidense, es importante mantener registros detallados de la información médica, incluyendo historiales de vacunación, alergias, medicamentos y procedimientos previos. También es aconsejable crear un fondo de emergencia para gastos médicos imprevistos y familiarizarse con los recursos de salud disponibles en la comunidad local.

La navegación exitosa del sistema de salud estadounidense requiere tiempo, paciencia y una comprensión clara de sus componentes fundamentales. Para los inmigrantes latinos, este proceso de aprendizaje es crucial para mantener su salud y la de sus familias mientras se adaptan a su nueva vida en Estados Unidos.

La Obsesión por la Seguridad

La obsesión por la seguridad en la sociedad estadounidense es un fenómeno cultural distintivo que frecuentemente sorprende a los inmigrantes latinoamericanos. Esta preocupación por la seguridad se manifiesta en prácticamente todos los aspectos de la vida cotidiana, desde la crianza de los niños hasta la construcción de edificios, y refleja valores fundamentales de la sociedad americana.

En el ámbito familiar, los padres estadounidenses suelen mostrar un nivel de precaución que puede parecer excesivo para los estándares latinoamericanos. Los asientos de seguridad para niños son obligatorios y su uso está estrictamente regulado según la edad y el peso del niño. Los padres comúnmente instalan dispositivos de seguridad en toda la casa, como cerraduras especiales en gabinetes, protectores de enchufes eléctricos, y barreras en escaleras, incluso antes de que el bebé comience a gatear.

La supervisión infantil es otro aspecto donde esta obsesión por la seguridad se hace evidente. Los niños rara vez juegan solos en la calle, algo común en muchos países latinoamericanos. Los parques infantiles están diseñados con superficies especiales para amortiguar caídas, y el equipo de juego debe cumplir con estrictas normas de seguridad. Las actividades extraescolares generalmente requieren exenciones de responsabilidad firmadas por los padres, y los supervisores deben someterse a verificaciones de antecedentes.

En el entorno escolar, la seguridad alcanza niveles que pueden parecer extremos para los recién llegados. Las escuelas realizan simulacros regulares no solo para incendios, sino también para tornados, terremotos y, tristemente, tiradores activos. Los visitantes deben registrarse en la oficina principal y llevar identificación visible. Muchas escuelas tienen oficiales de seguridad permanentes y sistemas de vigilancia sofisticados.

LA CULTURA ESTADOUNIDENSE

La seguridad en el lugar de trabajo es otro aspecto fundamental de la cultura estadounidense. Las regulaciones de la Administración de Seguridad y Salud Ocupacional (OSHA) son extensas y detalladas, cubriendo desde el uso adecuado de equipos de protección hasta los procedimientos de emergencia. Los empleadores están obligados a proporcionar capacitación en seguridad, y los trabajadores tienen el derecho legal de rechazar trabajo que consideren peligroso.

En los espacios públicos, la preocupación por la seguridad se refleja en la abundancia de señales de advertencia y avisos de precaución. Estas advertencias, que pueden parecer obvias o redundantes para muchos latinos, son en parte resultado de una cultura legal que enfatiza la responsabilidad y la prevención de demandas. Los establecimientos comerciales mantienen sus pisos secos, marcan claramente los desniveles y advierten sobre prácticamente cualquier riesgo potencial.

La seguridad doméstica es otra área donde esta obsesión se manifiesta claramente. Los sistemas de alarma para el hogar son comunes, incluso en vecindarios considerados seguros. Las cámaras de vigilancia, los timbres con video y los sistemas de monitoreo conectados a servicios de seguridad son cada vez más populares. Muchos estadounidenses consideran estos dispositivos tan esenciales como los electrodomésticos básicos.

El transporte es otro ámbito donde la seguridad es primordial. Los límites de velocidad se hacen cumplir estrictamente, y las multas por infracciones de tráfico pueden ser sustanciales. El uso del cinturón de seguridad es obligatorio, y conducir bajo la influencia del alcohol se castiga severamente. Incluso las bicicletas están sujetas a regulaciones de seguridad, con cascos obligatorios en muchas jurisdicciones.

La preparación para emergencias es otro aspecto característico de esta cultura de seguridad. Muchos estadounidenses mantienen kits de emergencia en sus hogares y automóviles, con provisiones para varios días. Las áreas propensas a desastres naturales tienen protocolos específicos de evacuación, y los residentes están acostumbrados a seguir las advertencias meteorológicas y los consejos de seguridad de las autoridades.

La seguridad alimentaria también recibe gran atención. Los restaurantes están sujetos a inspecciones regulares y deben mostrar sus calificaciones de salud. Las fechas de caducidad en los alimentos se toman muy en serio, y las advertencias sobre alérgenos son omnipresentes. Los recalls de productos son frecuentes y ampliamente publicitados cuando se descubre cualquier problema de seguridad.

La privacidad y la seguridad de la información personal son preocupaciones crecientes. Los estadounidenses son cada vez más cautelosos con la protección de sus datos personales, utilizando contraseñas complejas, servicios de monitoreo de crédito y tomando precauciones contra el robo de identidad. Las empresas están obligadas a mantener estrictos protocolos de seguridad para proteger la información del cliente.

Para los inmigrantes latinoamericanos, adaptarse a esta cultura de seguridad puede requerir un cambio significativo de mentalidad. Lo que puede parecer sobreprotección o paranoia desde una perspectiva latina es, en realidad, una característica fundamental de la sociedad estadounidense. Comprender y adoptar estas prácticas de seguridad no solo es importante para la integración cultural, sino que también puede ser crucial para evitar problemas legales o sociales.

Esta obsesión por la seguridad tiene sus raíces en varios factores culturales: el alto valor que la sociedad estadounidense otorga a la vida humana, un sistema legal que enfatiza la responsabilidad individual y colectiva, y una mentalidad de prevención que prefiere evitar riesgos antes que manejar consecuencias. También refleja la expectativa general de que los sistemas y procesos deben funcionar de manera predecible y segura.

Para navegar exitosamente esta cultura de seguridad, es importante mantenerse informado sobre las regulaciones y expectativas locales, tomar en serio las advertencias y precauciones, y no dudar en hacer preguntas cuando algo no está claro. Aunque algunos aspectos pueden parecer excesivos al principio, esta atención a la seguridad ha contribuido a crear entornos más seguros y predecibles en muchos aspectos de la vida cotidiana.

Las Reglas No Escritas

Las reglas no escritas de la sociedad estadounidense constituyen un conjunto de normas sociales y expectativas culturales que, aunque no están formalmente documentadas, son fundamentales para la integración exitosa en esta cultura. Para los inmigrantes hispanos, comprender estas reglas tácitas puede ser tan importante como aprender las leyes y regulaciones oficiales del país.

Una de las reglas no escritas más importantes es la expectativa de respetar el espacio personal. Los estadounidenses tienden a mantener una distancia física mayor durante las interacciones sociales que la que es común en las culturas latinoamericanas. Tocar a alguien durante una conversación casual o pararse demasiado cerca puede hacer que los estadounidenses se sientan incómodos, incluso si la intención es mostrar calidez o amistad.

El volumen de la voz en espacios públicos es otra regla tácita importante. Mientras que en muchas culturas latinas las conversaciones animadas y en voz alta son normales y hasta esperadas, en Estados Unidos se considera de mala educación hablar demasiado alto en restaurantes, transporte público o cualquier espacio compartido. Esta norma se extiende al uso del teléfono celular, donde se espera que las personas mantengan conversaciones discretas o se alejen para hablar.

La puntualidad tiene sus propias reglas no escritas que van más allá de simplemente llegar a tiempo. Para reuniones sociales informales, llegar exactamente a la hora indicada puede ser incómodo para el anfitrión; se considera apropiado llegar unos minutos tarde. Sin embargo, para eventos profesionales o citas médicas, llegar incluso cinco minutos tarde puede ser visto como una falta de respeto.

En el ámbito de las visitas a casa, existe una expectativa implícita de que estas deben ser previamente acordadas. Las visitas sorpresa, comunes y apreciadas en muchas culturas latinoamericanas, pueden ser percibidas como una invasión de la privacidad en Estados Unidos.

Incluso entre amigos cercanos, se espera que se avise con anticipación antes de visitar.

La cultura de las filas y esperas tiene sus propias reglas no escritas. Se espera que las personas respeten escrupulosamente el orden de llegada, y "colarse" en una fila es visto como una seria falta de respeto. También existe la expectativa de mantener una distancia apropiada con la persona delante de uno, y es común que la gente se moleste si alguien se para demasiado cerca.

En el contexto laboral, existen numerosas reglas tácitas sobre la interacción profesional. Por ejemplo, se espera que los empleados manejen sus desacuerdos con supervisores en privado, no en reuniones grupales. También existe la expectativa de que las personas se abstengan de discutir sus salarios con compañeros de trabajo, aunque legalmente tienen derecho a hacerlo.

La higiene personal tiene sus propias reglas no escritas que pueden diferir de las expectativas latinoamericanas. El uso de desodorante es considerado esencial, y los olores corporales naturales son menos tolerados que en otras culturas. También existe una fuerte expectativa de que la ropa esté siempre limpia y en buen estado, independientemente del nivel socioeconómico de la persona.

En cuanto a la comida y bebida, existen reglas tácitas sobre compartir. Mientras que en muchas culturas latinas es común compartir bebidas o comer del mismo plato, en Estados Unidos esto puede ser visto como poco higiénico. Incluso entre familiares cercanos, la expectativa es que cada persona tenga su propia porción y utensilios.

El manejo de conflictos tiene sus propias reglas no escritas. Se espera que las personas manejen sus desacuerdos de manera calmada y profesional, evitando displays emocionales públicos. Alzar la voz o mostrar enojo abiertamente puede ser visto como señal de falta de control y profesionalismo.

La interacción con vecinos también está gobernada por reglas tácitas. Mientras que el saludo y la cordialidad son esperados, existe una expectativa implícita de mantener cierta distancia social. Los vecinos estadounidenses típicamente no esperan desarrollar relaciones cercanas o estar involucrados en la vida personal de los demás.

El uso de espacios comunes tiene sus propias reglas no escritas. En edificios de apartamentos o condominios, se espera que las personas sean especialmente conscientes del ruido que generan, particularmente durante las horas nocturnas. Las conversaciones en pasillos o áreas comunes deben ser breves y en voz baja.

El comportamiento en restaurantes está regulado por numerosas reglas tácitas. Por ejemplo, es considerado de mala educación comenzar a comer antes de que todos en la mesa hayan sido servidos, o quedarse en la mesa mucho tiempo después de terminar la comida si el restaurante está lleno.

Las celebraciones y eventos sociales tienen sus propias reglas no escritas. Por ejemplo, cuando se es invitado a una fiesta, se espera que uno confirme su asistencia y, si ha confirmado, que efectivamente asista. Cancelar a último momento sin una razón válida puede ser visto como una falta de respeto significativa.

El manejo del tiempo libre y las vacaciones también está sujeto a reglas tácitas. Por ejemplo, se espera que las personas respeten el tiempo libre de otros y no contacten a colegas o compañeros de trabajo fuera del horario laboral, excepto en verdaderas emergencias.

Comprender y adaptarse a estas reglas no escritas es un proceso gradual que requiere observación atenta y disposición para aprender. Para los inmigrantes hispanos, algunas de estas normas pueden parecer frías o distantes en comparación con sus culturas de origen. Sin embargo, entender que estas reglas no escritas son parte fundamental del tejido social estadounidense puede ayudar a navegar más efectivamente la vida cotidiana y evitar malentendidos culturales.

Es importante recordar que estas reglas no escritas pueden variar según la región, el contexto social y la generación. Lo que es aceptable en un estado puede no serlo en otro, y lo que es apropiado en un contexto casual puede no serlo en uno profesional. La clave está en mantener una mente abierta y estar dispuesto a adaptar el comportamiento según el contexto, mientras se mantiene el respeto por los valores y costumbres propias.

El Humor Estadounidense

El humor estadounidense representa uno de los aspectos más distintivos y a la vez más desafiantes de comprender para los inmigrantes hispanos. Lo que hace reír a una cultura puede resultar confuso o incluso ofensivo para otra, y entender el humor local es frecuentemente considerado una de las últimas fronteras en el dominio de una nueva cultura.

El humor estadounidense se caracteriza por varios elementos distintivos. Uno de los más notables es el uso extensivo del sarcasmo y la ironía, que pueden resultar particularmente difíciles de captar para quienes no son hablantes nativos del inglés. Los estadounidenses frecuentemente dicen lo opuesto a lo que realmente quieren expresar, esperando que el contexto y el tono de voz transmitan el verdadero significado. Este tipo de humor puede resultar confuso para personas de culturas donde la comunicación tiende a ser más directa.

El humor autodeprecativo es otro elemento fundamental de la comedia estadounidense. A diferencia de algunas culturas donde mantener la dignidad y el respeto propio es primordial, los estadounidenses frecuentemente se ríen de sí mismos y consideran esta capacidad como una cualidad positiva. Es común que las personas bromeen sobre sus propios defectos o errores, y esto se ve como una señal de humildad y confianza en uno mismo.

Los juegos de palabras o "puns" ocupan un lugar especial en el humor estadounidense. Estos dependen en gran medida del dominio del idioma inglés y sus múltiples significados, lo que puede hacer que sean particularmente desafiantes para los hispanohablantes. Sin embargo, comprender y apreciar los juegos de palabras suele considerarse una señal de dominio avanzado del idioma.

El humor situacional, basado en la incomodidad social o los malentendidos, es otro pilar de la comedia estadounidense. Series de televisión como "The Office" o "Seinfeld" han construido su éxito sobre este tipo de humor, que se centra en las awkward situations y la forma en que los personajes navegan a través de ellas. Este tipo de humor puede resultar desconcertante para culturas donde la vergüenza social se considera algo más serio.

El timing o momento oportuno es crucial en el humor estadounidense. Saber cuándo hacer una broma y cuándo mantener la seriedad es una habilidad social importante. Los estadounidenses tienden a apreciar el humor que rompe la tensión en situaciones difíciles, pero también reconocen que hay momentos donde las bromas son inapropiadas.

El humor en el lugar de trabajo merece una mención especial. Mientras que las bromas y el humor ligero son generalmente bienvenidos y pueden ayudar a construir relaciones profesionales, existe una línea clara sobre lo que se considera apropiado. Las bromas sobre raza, género, religión o orientación sexual son consideradas tabú y pueden resultar en consecuencias laborales serias.

Las referencias culturales juegan un papel fundamental en el humor estadounidense. Muchas bromas se basan en el conocimiento compartido de programas de televisión, películas, eventos históricos o figuras públicas estadounidenses. Para los inmigrantes, esta puede ser una de las barreras más significativas para comprender el humor local, ya que requiere una inmersión profunda en la cultura pop americana.

El humor generacional también es importante. Los millennials y la Generación Z, por ejemplo, han desarrollado su propio estilo de humor, frecuentemente caracterizado por el absurdismo y los memes de internet. Este tipo de humor puede resultar particularmente desconcertante para personas mayores o recién llegadas al país, que pueden no estar familiarizadas con las referencias y convenciones de la cultura digital.

Los chistes políticos ocupan un lugar especial en el humor estadounidense. A diferencia de algunos países donde las bromas sobre políticos pueden ser tabú o incluso peligrosas, en Estados Unidos la sátira política es una tradición respetada y protegida. Los late-night shows y los programas de comedia política son una parte fundamental del paisaje mediático.

Es importante notar que el humor estadounidense tiende a ser menos físico y más verbal que el de muchas culturas latinas. Mientras que en América Latina la comedia física y el slapstick pueden ser muy populares, el humor estadounidense tiende a favorecer el ingenio verbal y los comentarios agudos.

La diversidad regional también influye en el humor estadounidense. El humor del sur puede diferir significativamente del humor del noreste o la costa oeste. Estas variaciones regionales reflejan diferentes valores culturales y experiencias históricas, y comprender estas diferencias puede ayudar a navegar mejor las interacciones sociales en diferentes partes del país.

El humor negro o dark humor tiene su propio espacio en la cultura estadounidense, aunque su aceptación varía según el contexto y la audiencia. Este tipo de humor puede ser particularmente desafiante para personas de culturas donde ciertos temas son considerados demasiado serios para bromear sobre ellos.

Para los inmigrantes hispanos, adaptarse al humor estadounidense es un proceso gradual que requiere paciencia y disposición para aprender. No se trata solo de entender las palabras, sino de captar los matices culturales, las referencias y el contexto social que hacen que algo sea considerado gracioso.

Una estrategia útil para comprender mejor el humor estadounidense es exponerse a diferentes formas de comedia: stand-up comedy, sitcoms, películas cómicas y programas de televisión humorísticos. Aunque inicialmente puede resultar difícil captar todos los matices, esta exposición gradual ayuda a desarrollar un sentido del humor más sintonizado con la cultura local.

También es importante recordar que está bien no entender todas las bromas o no encontrar graciosas ciertas formas de humor. La apreciación del humor es subjetiva y está profundamente influenciada por nuestras experiencias culturales y personales. Lo importante es mantener una mente abierta y estar dispuesto a aprender y adaptarse, mientras se mantiene el respeto por las diferencias culturales en el humor.

La Cultura Pop Americana

La cultura pop americana es un fenómeno global que ha influido en sociedades de todo el mundo, pero experimentarla desde dentro de Estados Unidos ofrece una perspectiva única y más profunda. Para los inmigrantes hispanos, comprender la cultura pop estadounidense es fundamental no solo para la integración social, sino también para entender las referencias cotidianas que impregnan las conversaciones y las interacciones diarias.

La televisión ocupa un lugar central en la cultura pop americana, funcionando como un punto de referencia común que une a personas de diferentes orígenes. Las series de televisión no son solo entretenimiento; son parte del tejido social que conecta a las personas a través de experiencias compartidas. Programas como Friends, The Office, o Game of Thrones se convierten en parte del vocabulario cultural común, y sus referencias aparecen frecuentemente en conversaciones cotidianas. Para los hispanos que se están adaptando a la vida en Estados Unidos, familiarizarse con estos programas populares puede facilitar la conexión con compañeros de trabajo y vecinos.

El cine estadounidense, con Hollywood como su epicentro, ha sido durante mucho tiempo uno de los exportadores más poderosos de la cultura americana al mundo. Sin embargo, vivir en Estados Unidos permite experimentar el fenómeno cinematográfico de una manera diferente. Los estrenos de películas son eventos culturales significativos que generan conversaciones en todos los niveles de la sociedad. La tradición de ir al cine, comprar palomitas de maíz gigantes y disfrutar de la experiencia cinematográfica es una parte integral de la vida americana que va más allá del simple entretenimiento.

La música pop americana es otro pilar fundamental de la cultura popular. Desde el rock and roll hasta el hip hop, Estados Unidos ha sido la cuna de numerosos géneros musicales que han influido en el mundo entero. Para los inmigrantes hispanos, es importante entender que la música no solo refleja tendencias artísticas, sino también movimientos sociales y culturales más amplios. El hip hop, por ejemplo, no es solo un género musical, sino una expresión cultural que abarca moda, lenguaje y actitudes sociales.

Las redes sociales y las plataformas digitales han revolucionado la forma en que se consume y se comparte la cultura pop. Plataformas como TikTok, Instagram y Twitter no solo distribuyen contenido, sino que también crean nuevas formas de expresión cultural. Los memes, por ejemplo, se han convertido en una forma de comunicación que trasciende las barreras del idioma, aunque muchos requieren un conocimiento profundo del contexto cultural estadounidense para ser completamente comprendidos.

La cultura de las celebridades es otro aspecto distintivo de la cultura pop americana. A diferencia de muchas sociedades donde las figuras públicas mantienen una distancia más formal con el público, en Estados Unidos existe una relación más cercana y personal con las celebridades. Las vidas de los famosos son seguidas, comentadas y debatidas como si fueran parte de la familia extendida de cada estadounidense. Este fenómeno se refleja en revistas, programas de televisión y redes sociales dedicadas exclusivamente a seguir las vidas de las estrellas.

Los videojuegos han emergido como una forma significativa de expresión cultural en Estados Unidos. No son solo una forma de entretenimiento, sino que han creado comunidades enteras y han influido en el lenguaje, la moda y las interacciones sociales. Para muchos jóvenes estadounidenses, los videojuegos son una parte tan importante de su identidad cultural como la música o el cine.

La moda y las tendencias de estilo son otro elemento crucial de la cultura pop americana. La forma de vestir en Estados Unidos tiende a ser más casual que en muchos países latinoamericanos, y las tendencias cambian rápidamente. La cultura del "athleisure" (ropa deportiva usada como ropa casual) y la mezcla de estilos formales e informales son características distintivas de la moda estadounidense contemporánea.

Los deportes profesionales, aunque técnicamente son una categoría separada, están profundamente entrelazados con la cultura pop. Eventos como el Super Bowl trascienden el ámbito deportivo para convertirse en acontecimientos culturales masivos, completos con sus propios rituales, tradiciones y significado social. Los comerciales del Super Bowl, por ejemplo, son tan importantes culturalmente como el juego mismo.

La comida también juega un papel en la cultura pop americana, con tendencias culinarias que van y vienen rápidamente. Los food trucks, los restaurantes pop-up y las modas alimentarias como el cronut o el cake pop son ejemplos de cómo la comida se convierte en parte de la conversación cultural más amplia.

Para los inmigrantes hispanos, navegar la cultura pop americana puede ser tanto desafiante como gratificante. Es importante mantener un equilibrio entre participar en esta nueva cultura mientras se preservan las propias tradiciones culturales. La cultura pop puede servir como un puente hacia la comprensión más profunda de la sociedad estadounidense, proporcionando temas de conversación comunes y facilitando conexiones sociales.

La velocidad con la que cambia la cultura pop americana puede resultar abrumadora. Las tendencias pueden surgir y desaparecer en cuestión de semanas, y mantenerse al día puede parecer una tarea imposible. Sin embargo, no es necesario seguir cada tendencia; lo importante es desarrollar una comprensión general de los elementos culturales más significativos y duraderos.

La cultura pop americana también refleja la diversidad del país, con influencias de múltiples comunidades étnicas y culturales. La creciente presencia latina en la cultura pop mainstream, con artistas como Bad Bunny o Jennifer Lopez, demuestra cómo las diferentes culturas se entrelazan y enriquecen mutuamente en el panorama cultural estadounidense.

Redes Sociales y Tecnología

Las redes sociales y la tecnología han transformado fundamentalmente la forma en que los estadounidenses se comunican, trabajan y viven sus vidas cotidianas. Para los inmigrantes hispanos, comprender esta relación única entre los estadounidenses y la tecnología es crucial para navegar exitosamente en su nuevo entorno social y profesional.

Los estadounidenses tienen una relación particularmente intensa con sus dispositivos móviles. A diferencia de muchos países latinoamericanos, donde el uso del teléfono durante las comidas familiares o reuniones sociales puede considerarse descortés, en Estados Unidos es común ver a personas consultando sus dispositivos incluso durante interacciones sociales. Esto no necesariamente se considera grosero, aunque existen contextos donde sí se espera que los dispositivos se guarden, como durante reuniones de trabajo importantes o eventos formales.

Las redes sociales juegan un papel fundamental en la vida social estadounidense. Facebook, Instagram, Twitter, LinkedIn y TikTok no son solo plataformas de entretenimiento, sino herramientas esenciales para mantener conexiones profesionales y personales. LinkedIn, en particular, es crucial para el networking profesional en Estados Unidos, y tener un perfil actualizado en esta plataforma es casi tan importante como tener un currículum vitae. Los empleadores frecuentemente revisan los perfiles de LinkedIn antes de las entrevistas de trabajo, y muchas oportunidades laborales se presentan a través de esta red.

El correo electrónico sigue siendo el medio de comunicación preferido en entornos profesionales estadounidenses. A diferencia de algunos países latinoamericanos donde WhatsApp se usa ampliamente para comunicaciones de trabajo, en Estados Unidos existe una clara separación entre las plataformas de mensajería instantánea, que se reservan principalmente para comunicaciones personales, y el correo electrónico para asuntos profesionales. Se espera que los correos electrónicos de trabajo se respondan con prontitud, generalmente dentro de las 24 horas hábiles.

La cultura del teletrabajo, acelerada por la pandemia de COVID-19, ha llevado a los estadounidenses a adoptar plataformas de videoconferencia como Zoom, Microsoft Teams y Google Meet como parte de su rutina diaria. La etiqueta en estas plataformas tiene sus propias reglas no escritas: se espera que la cámara esté encendida durante las reuniones importantes, que el fondo sea profesional o al menos ordenado, y que uno se vista apropiadamente, al menos de la cintura para arriba.

El comercio electrónico es una parte integral de la vida estadounidense. Amazon, en particular, ha revolucionado la forma en que los estadounidenses compran, creando expectativas de entrega rápida y devoluciones sin complicaciones. Muchos estadounidenses hacen la mayoría de sus compras no alimentarias en línea, y servicios como la entrega de comestibles a domicilio son cada vez más comunes.

La tecnología también ha transformado la forma en que los estadounidenses manejan sus finanzas. Las aplicaciones de pago móvil como Venmo, Cash App y Zelle son ampliamente utilizadas para transferencias de dinero entre amigos y familiares. Los pagos sin efectivo son la norma, y muchos estadounidenses rara vez llevan dinero en efectivo. Incluso las propinas en restaurantes se pueden dejar electrónicamente.

La privacidad en línea es un tema que los estadounidenses toman muy en serio. Aunque comparten mucho en las redes sociales, son conscientes de la importancia de proteger su información personal y financiera. El robo de identidad es una preocupación significativa, y es común usar administradores de contraseñas y autenticación de dos factores para proteger las cuentas en línea.

Los estadounidenses tienen una relación compleja con las reseñas en línea. Antes de probar un nuevo restaurante, contratar un servicio o comprar un producto, es común buscar reseñas en plataformas como Yelp, Google Reviews o Amazon. Las opiniones de otros consumidores tienen un peso significativo en las decisiones de compra, y muchos negocios activamente solicitan reseñas positivas de sus clientes satisfechos.

La tecnología también ha transformado la forma en que los estadounidenses consumen entretenimiento. Los servicios de streaming como Netflix, Hulu y Disney+ han reemplazado en gran medida a la televisión tradicional. El "cord-cutting" (cancelar la televisión por cable) es una tendencia creciente, especialmente entre los jóvenes. Los podcasts son extremadamente populares y se escuchan durante los desplazamientos al trabajo, ejercicio o tareas domésticas.

Las aplicaciones de citas en línea como Tinder, Bumble y Match.com son una forma socialmente aceptada de conocer parejas potenciales. A diferencia de algunas culturas latinoamericanas donde las presentaciones a través de amigos o familia son más comunes, en Estados Unidos es perfectamente normal conocer a una pareja a través de una aplicación.

La tecnología está profundamente integrada en el sistema educativo estadounidense. Desde la escuela primaria, los estudiantes utilizan dispositivos digitales y plataformas en línea para su aprendizaje. Los padres deben familiarizarse con portales en línea donde pueden ver las calificaciones de sus hijos, comunicarse con los maestros y mantenerse informados sobre las actividades escolares.

Para los inmigrantes hispanos, adaptarse a esta cultura tecnológica puede ser desafiante, especialmente si provienen de áreas donde la tecnología no está tan integrada en la vida cotidiana. Sin embargo, dominar estas herramientas tecnológicas es crucial para la integración exitosa en la sociedad estadounidense. Es importante mantenerse al día con las nuevas plataformas y tendencias tecnológicas, ya que pueden afectar tanto la vida personal como profesional.

La brecha digital es una preocupación real en Estados Unidos, y muchas organizaciones comunitarias ofrecen programas de capacitación tecnológica gratuitos o de bajo costo. Aprovechar estos recursos puede ser invaluable para los inmigrantes que buscan mejorar sus habilidades tecnológicas.

El Concepto de Vacaciones

Las vacaciones en Estados Unidos son un concepto que difiere significativamente de la perspectiva latinoamericana, tanto en su duración como en la forma en que se planifican y disfrutan. Para los estadounidenses, las vacaciones representan no solo un tiempo de descanso, sino una inversión planificada en el bienestar personal y familiar que refleja valores culturales fundamentales.

En Estados Unidos, el tiempo vacacional es considerablemente más limitado en comparación con muchos países latinoamericanos. El trabajador estadounidense promedio recibe entre 10 y 15 días de vacaciones pagadas al año, y muchos empleados nuevos comienzan con solo una semana. Este tiempo limitado ha llevado a una cultura de "maximizar" las vacaciones, donde cada día debe ser cuidadosamente planificado y aprovechado al máximo.

La planificación de vacaciones en Estados Unidos suele comenzar con meses de anticipación. Los estadounidenses tienden a investigar meticulosamente sus destinos, comparar precios, leer reseñas y crear itinerarios detallados. Esta planificación anticipada no solo es una necesidad práctica debido al limitado tiempo disponible, sino que también refleja la tendencia cultural hacia la eficiencia y la organización.

Los viajes por carretera ocupan un lugar especial en la cultura vacacional estadounidense. Existe una romántica tradición de empacar el auto y aventurarse por las extensas carreteras del país, visitando parques nacionales, pequeños pueblos y atracciones turísticas únicas. Estos viajes por carretera son vistos como una forma de conexión familiar y una oportunidad para experimentar la diversidad geográfica y cultural del país.

Las vacaciones cortas o "minibreaks" son muy comunes en la cultura estadounidense. En lugar de tomar períodos largos de vacaciones, muchos estadounidenses prefieren distribuir sus días libres a lo largo del año, aprovechando los fines de semana largos creados por los días festivos federales. Esta práctica ha dado lugar al concepto de "staycation", donde las personas toman tiempo libre pero permanecen en casa o exploran atracciones locales.

Los parques temáticos, especialmente Disney World y Disneyland, ocupan un lugar único en la cultura vacacional estadounidense. Para muchas familias, un viaje a estos parques es considerado un rito de paso casi obligatorio. Estas vacaciones suelen planificarse con años de anticipación y pueden representar una inversión financiera significativa para la familia promedio.

El concepto de "desconectarse" durante las vacaciones varía significativamente entre la cultura estadounidense y la latina. Mientras que en muchos países latinoamericanos es común desconectarse completamente del trabajo durante las vacaciones, muchos estadounidenses mantienen cierto nivel de conexión con sus responsabilidades laborales, revisando correos electrónicos o participando en llamadas importantes incluso durante su tiempo libre.

Las vacaciones de verano tienen un significado especial en la cultura estadounidense, particularmente para las familias con niños en edad escolar. El largo receso escolar de verano, que típicamente dura entre dos y tres meses, influye significativamente en los patrones vacacionales familiares. Muchas familias planifican sus principales viajes durante este período, aunque esto también significa lidiar con precios más altos y destinos más concurridos.

Los campamentos de verano representan otra faceta única de las vacaciones estadounidenses. Enviar a los niños a campamentos durante parte del verano es una tradición común que refleja valores culturales como la independencia y el crecimiento personal. Estos campamentos pueden durar desde una semana hasta todo el verano y ofrecen una amplia gama de actividades y experiencias educativas.

El turismo internacional, aunque menos común que el doméstico, es visto como una experiencia enriquecedora y prestigiosa. Sin embargo, debido al limitado tiempo vacacional, los viajes internacionales tienden a ser más cortos y más intensos que los realizados por viajeros de otras culturas. Es común ver estadounidenses tratando de visitar múltiples países europeos en un período de dos semanas, por ejemplo.

Las vacaciones también tienen un importante componente de estatus social en la cultura estadounidense. Compartir experiencias vacacionales en redes sociales es una práctica común, y los destinos elegidos pueden ser vistos como indicadores de éxito personal y profesional. Sin embargo, existe una creciente tendencia hacia experiencias más auténticas y menos ostentosas, con un énfasis en el valor personal y familiar de las vacaciones más allá de su aspecto social.

La forma en que los estadounidenses financian sus vacaciones también refleja aspectos culturales importantes. Muchos utilizan tarjetas de crédito específicas para viajes que ofrecen millas o puntos, planifican y ahorran durante todo el año para sus vacaciones, y buscan activamente ofertas y descuentos. La idea de endeudarse por unas vacaciones, aunque no es universal, es más aceptada que en muchas culturas latinoamericanas.

Para los inmigrantes hispanos, adaptarse a este concepto estadounidense de vacaciones puede requerir ajustes significativos. El tiempo más limitado, la necesidad de planificación detallada y la tendencia a mantener cierta conexión con el trabajo pueden contrastar fuertemente con sus experiencias previas. Sin embargo, comprender y adaptarse a estas diferencias es crucial para navegar exitosamente el entorno laboral y social estadounidense.

Las vacaciones en Estados Unidos también reflejan la importancia cultural del equilibrio entre trabajo y vida personal, aunque de una manera particular. Mientras que el tiempo de vacaciones es limitado, se espera que sea utilizado de manera efectiva para recargar energías y mantener la productividad laboral. Esta perspectiva utilitaria de las vacaciones puede contrastar con visiones más relajadas y espontáneas comunes en culturas latinas.

La Vida Suburbana

La vida suburbana en Estados Unidos representa uno de los aspectos más distintivos y fundamentales de la cultura estadounidense, siendo un fenómeno que va mucho más allá de simplemente vivir fuera de la ciudad. Los suburbios son el corazón de lo que muchos consideran el "sueño americano", con sus casas unifamiliares, jardines bien cuidados y una sensación general de espacio y tranquilidad.

Los suburbios estadounidenses surgieron principalmente después de la Segunda Guerra Mundial, cuando millones de veteranos regresaron a casa y, gracias a programas gubernamentales como el G.I. Bill, pudieron comprar casas en estas nuevas comunidades planificadas. Este desarrollo masivo creó un estilo de vida completamente nuevo que continúa definiendo gran parte de la experiencia estadounidense moderna.

La típica casa suburbana estadounidense es significativamente más grande que las viviendas promedio en Latinoamérica. Con frecuencia incluye un garaje para dos autos, varios baños, amplias habitaciones y un patio trasero considerable. Este espacio extra refleja no solo el poder adquisitivo sino también valores culturales fundamentales como la privacidad, la independencia y la importancia del espacio personal.

La vida en los suburbios está intrínsecamente ligada al automóvil. A diferencia de muchas ciudades latinoamericanas donde el transporte público es común, los suburbios estadounidenses están diseñados bajo la premisa de que cada familia tendrá al menos un vehículo. Las distancias entre hogares, tiendas y servicios suelen ser considerables, y las aceras pueden ser escasas en algunas áreas, haciendo que el auto sea prácticamente indispensable.

Las asociaciones de propietarios (HOAs por sus siglas en inglés) son una característica distintiva de la vida suburbana que puede resultar sorprendente para los hispanoamericanos. Estas organizaciones establecen y hacen cumplir reglas sobre la apariencia de las casas, el mantenimiento del jardín, e incluso qué tipos de decoraciones están permitidas. Aunque pueden parecer excesivamente restrictivas, reflejan el valor cultural de mantener la uniformidad y el orden en la comunidad.

El ritmo de vida en los suburbios sigue patrones predecibles. Las mañanas comienzan temprano con el éxodo de residentes hacia sus trabajos en la ciudad, frecuentemente enfrentando largos trayectos en auto conocidos como "commuting". Los niños son transportados a la escuela en autobuses escolares amarillos o por sus padres, y las tardes se llenan con actividades extraescolares, deportes juveniles y recados.

Los centros comerciales y las plazas comerciales son elementos fundamentales de la vida suburbana. Estos espacios no son solo lugares para comprar, sino que funcionan como centros de socialización, especialmente para adolescentes. Los enormes supermercados, típicamente ubicados en estas áreas comerciales, ofrecen una experiencia de compra muy diferente a la de los mercados tradicionales latinoamericanos.

La vida social en los suburbios tiene sus propias particularidades. Las interacciones entre vecinos tienden a ser cordiales pero no necesariamente íntimas. Las reuniones sociales suelen ser planificadas con anticipación, y es menos común la socialización espontánea que caracteriza a muchas comunidades latinoamericanas. Las barbacoas en el patio trasero, las fiestas de vecindario y los eventos comunitarios organizados son formas típicas de socialización.

El mantenimiento del jardín ocupa un lugar especialmente importante en la cultura suburbana. Tener un césped verde y bien cuidado no es solo una cuestión de estética, sino una responsabilidad social. Los fines de semana frecuentemente incluyen rituales de cortar el césped, podar arbustos y mantener jardines, actividades que pueden parecer excesivamente importantes para alguien no familiarizado con esta cultura.

La seguridad es otra característica definitoria de la vida suburbana. Muchos eligen los suburbios precisamente por sus bajas tasas de criminalidad y ambiente familiar. Sin embargo, esto puede llevar a medidas de seguridad que pueden parecer paradójicas: mientras que las tasas de criminalidad son bajas, es común ver sistemas de seguridad sofisticados, cámaras de vigilancia y comunidades cerradas.

Para las familias hispanas que se mudan a los suburbios estadounidenses, la adaptación puede presentar varios desafíos. La dependencia del automóvil, la menor densidad poblacional y la naturaleza más estructurada de la vida social pueden requerir ajustes significativos. Sin embargo, muchos encuentran que los suburbios ofrecen ventajas importantes, especialmente para la crianza de los hijos, con sus escuelas generalmente bien calificadas y abundantes espacios recreativos.

La vida suburbana también refleja una clara separación entre espacios públicos y privados. Los patios delanteros, aunque técnicamente privados, funcionan como espacios semipúblicos que contribuyen a la apariencia general del vecindario. Los patios traseros, por otro lado, son considerados estrictamente privados y frecuentemente están cercados, proporcionando un espacio para la vida familiar íntima.

El sentido de comunidad en los suburbios puede ser diferente al que muchos hispanoamericanos están acostumbrados. Aunque existe un fuerte énfasis en la participación comunitaria a través de eventos organizados, asociaciones de padres y maestros (PTA), y grupos religiosos, las relaciones tienden a ser más estructuradas y menos espontáneas que en muchas comunidades latinas.

Las estaciones del año marcan claramente el ritmo de la vida suburbana. La primavera trae consigo la limpieza de jardines y el inicio de proyectos de mejora del hogar. El verano ve a los niños jugando en las calles y las familias disfrutando de sus patios. El otoño significa rastrillado de hojas y decoraciones de Halloween, mientras que el invierno frecuentemente implica la remoción de nieve y decoraciones navideñas elaboradas.

Comprender la vida suburbana estadounidense es esencial para los inmigrantes hispanos, ya que representa mucho más que un simple lugar de residencia: es una manifestación física de valores culturales fundamentales como el individualismo, la privacidad, el orden y la importancia de la propiedad privada. Adaptarse a este estilo de vida puede requerir ajustes significativos, pero también ofrece oportunidades únicas para participar en una faceta central de la experiencia estadounidense.

Mascotas en la Sociedad

En Estados Unidos, las mascotas ocupan un lugar privilegiado en la sociedad, con un estatus que frecuentemente sorprende a los recién llegados de Latinoamérica. Los estadounidenses consideran a sus mascotas como miembros de pleno derecho de la familia, una actitud que se refleja en todos los aspectos de la vida cotidiana y en las considerables inversiones económicas y emocionales que hacen en el cuidado de sus animales.

La industria de las mascotas en Estados Unidos es inmensa, generando miles de millones de dólares anualmente. Esta realidad económica refleja la disposición de los estadounidenses a gastar cantidades significativas en alimentos premium, atención veterinaria, juguetes, ropa, servicios de peluquería y hasta tratamientos médicos avanzados para sus animales. No es inusual que una familia gaste varios miles de dólares al año en el cuidado de una sola mascota, algo que puede resultar sorprendente para muchos hispanoamericanos.

El concepto de "pet parent" (padre/madre de mascota) ha reemplazado en gran medida al tradicional "dueño de mascota", reflejando un cambio fundamental en cómo se percibe la relación con los animales domésticos. Esta terminología no es casual; representa una filosofía que ve a las mascotas como dependientes que requieren el mismo nivel de compromiso y cuidado que un hijo. Las mascotas tienen sus propios pediatras (veterinarios), guarderías (pet daycare), servicios de cuidado (pet sitters), y hasta seguros médicos.

La legislación estadounidense refleja esta valoración especial de las mascotas. Existen leyes estrictas contra el maltrato animal, y muchas ciudades tienen ordenanzas específicas sobre el cuidado adecuado de las mascotas, incluyendo requisitos de vacunación, registro y control de la población animal. Las multas por maltrato o negligencia pueden ser severas, y en algunos casos, el maltrato animal es considerado un delito grave.

En el ámbito de la vivienda, las mascotas influyen significativamente en las decisiones de alquiler o compra de propiedades. Muchos estadounidenses consideran las necesidades de sus mascotas al elegir dónde vivir, y es común que los propietarios paguen depósitos adicionales o "pet rent" (renta por mascota) en propiedades de alquiler. Los parques para perros son una característica común en vecindarios residenciales, proporcionando espacios dedicados donde los perros pueden socializar y ejercitarse sin correa.

La cultura laboral estadounidense también refleja esta orientación hacia las mascotas. Algunas empresas permiten que los empleados traigan sus mascotas al trabajo, y un número creciente de empleadores ofrece beneficios relacionados con mascotas, como seguro veterinario o tiempo libre pagado cuando se adopta una nueva mascota (conocido como "pawternity leave"). Estas políticas reflejan el reconocimiento del vínculo emocional entre las personas y sus animales.

La socialización a través de las mascotas es un fenómeno distintivamente estadounidense. Los dueños de perros frecuentemente entablan conversaciones con otros dueños durante los paseos, y las mascotas sirven como catalizadores para la interacción social. Los eventos relacionados con mascotas, como exposiciones caninas, festivales de adopción y fiestas de cumpleaños para mascotas, son comunes y socialmente aceptados.

El mercado de servicios especializados para mascotas continúa expandiéndose. Existen hoteles de lujo para mascotas, spas, servicios de fotografía profesional, terapeutas conductuales, y hasta servicios funerarios elaborados. Los cementerios de mascotas y los servicios de cremación son industrias establecidas, reflejando cómo el duelo por una mascota es considerado tan legítimo como el duelo por un familiar humano.

La adopción de mascotas es altamente valorada en la cultura estadounidense, con un fuerte énfasis en rescatar animales de refugios en lugar de comprarlos en tiendas de mascotas. Las organizaciones de rescate animal son numerosas y bien respaldadas por la comunidad, y la adopción de mascotas se considera un acto de responsabilidad social. Los refugios de animales suelen ser instalaciones modernas y bien mantenidas, muy diferentes de lo que muchos inmigrantes podrían haber experimentado en sus países de origen.

Para los hispanoamericanos que se establecen en Estados Unidos, adaptar sus expectativas y prácticas relacionadas con las mascotas puede requerir un ajuste significativo. La idea de gastar grandes sumas en atención veterinaria preventiva, alimentos especializados o servicios de cuidado puede parecer excesiva al principio. Sin embargo, comprender esta faceta de la cultura estadounidense es importante para la integración social y para evitar malentendidos culturales.

Las mascotas también juegan un papel importante en el sistema de salud mental estadounidense. Los animales de servicio y de apoyo emocional tienen protecciones legales específicas, y su presencia es cada vez más común en espacios públicos. Estos animales tienen acceso a lugares donde las mascotas regulares no están permitidas, como restaurantes y aviones, reflejando el reconocimiento oficial de los beneficios terapéuticos de la compañía animal.

La educación sobre el cuidado responsable de mascotas comienza desde temprana edad en las escuelas estadounidenses, donde los niños aprenden sobre el bienestar animal, la responsabilidad del cuidado de mascotas y la importancia de la esterilización para controlar la población animal. Este énfasis educativo contribuye a formar futuras generaciones de dueños de mascotas conscientes y responsables.

En resumen, la relación de los estadounidenses con sus mascotas refleja valores culturales más amplios como la responsabilidad individual, el cuidado familiar y el compromiso con el bienestar de los dependientes. Para los hispanoamericanos, comprender esta dimensión de la cultura estadounidense puede facilitar la integración social y proporcionar perspectivas valiosas sobre los valores y prioridades de su nueva sociedad.

El Sistema Legal Básico

El sistema legal estadounidense puede parecer abrumadoramente complejo para los inmigrantes hispanohablantes, pero comprender sus fundamentos básicos es esencial para navegar la vida cotidiana en Estados Unidos. Este sistema, basado en el common law inglés y la Constitución estadounidense, opera de manera significativamente diferente a los sistemas legales de América Latina.

La estructura del sistema legal estadounidense se divide en dos niveles principales: federal y estatal. Cada estado tiene sus propias leyes y sistema judicial, mientras que el sistema federal maneja casos que involucran leyes federales, disputas entre estados o asuntos constitucionales. Esta dualidad significa que las leyes pueden variar considerablemente de un estado a otro, desde las regulaciones de tránsito hasta las leyes laborales.

Un aspecto fundamental del sistema legal estadounidense es el papel central que juega el precedente judicial. A diferencia de muchos países latinoamericanos que siguen el sistema de derecho civil, en Estados Unidos las decisiones judiciales anteriores tienen un peso significativo en casos futuros similares. Este concepto, conocido como stare decisis, significa que los tribunales generalmente siguen las decisiones tomadas en casos previos similares.

Los derechos individuales ocupan un lugar prominente en el sistema legal estadounidense. La Constitución y sus enmiendas, especialmente la Carta de Derechos (Bill of Rights), establecen protecciones fundamentales que muchos estadounidenses conocen y citan frecuentemente. Estos incluyen la libertad de expresión, el derecho a portar armas, la protección contra registros e incautaciones irrazonables, y el derecho a un juicio justo.

El concepto de responsabilidad legal en Estados Unidos puede sorprender a muchos hispanoamericanos por su alcance y consecuencias. Las demandas civiles son mucho más comunes que en

América Latina, y pueden presentarse por una amplia variedad de razones, desde disputas contractuales hasta lesiones personales. Esta cultura litigiosa influye en muchos aspectos de la vida diaria, desde las advertencias detalladas en productos hasta la necesidad de mantener diversos tipos de seguros.

El sistema judicial estadounidense se basa en el principio adversarial, donde dos partes presentan sus argumentos ante un juez o jurado imparcial. Los juicios con jurado, aunque menos comunes en casos civiles que en penales, son una característica distintiva del sistema legal estadounidense. El papel del jurado como determinante de los hechos es fundamental en muchos casos, algo que puede resultar extraño para inmigrantes de países donde los juicios por jurado son raros o inexistentes.

La representación legal en Estados Unidos funciona de manera diferente a la de muchos países latinoamericanos. Los abogados tienden a especializarse en áreas específicas del derecho, y sus honorarios suelen ser significativamente más altos. Sin embargo, existen recursos para aquellos que no pueden pagar representación legal, incluyendo defensores públicos en casos penales y organizaciones de servicios legales gratuitos o de bajo costo para casos civiles.

Un aspecto crucial del sistema legal estadounidense es la presunción de inocencia en casos penales. La fiscalía debe probar la culpabilidad "más allá de toda duda razonable", un estándar probatorio alto que protege los derechos del acusado. Además, los derechos Miranda, que incluyen el derecho a permanecer en silencio y a tener un abogado presente durante los interrogatorios policiales, son protecciones fundamentales que todo inmigrante debe conocer.

La interacción con la policía en Estados Unidos merece especial atención. Los oficiales de policía tienen autoridad significativa, pero también están sujetos a restricciones legales específicas. Es importante entender los derechos básicos durante encuentros policiales, como el derecho a permanecer en silencio y a no consentir registros sin una orden judicial, mientras se mantiene una actitud respetuosa y cooperativa.

El sistema legal estadounidense también incluye tribunales especializados que manejan casos específicos, como tribunales de familia, tribunales de inmigración y tribunales de reclamos menores. Los tribunales de reclamos menores son particularmente útiles para resolver disputas de menor cuantía sin necesidad de representación legal, ofreciendo un proceso más accesible y económico.

Las consecuencias legales de las infracciones pueden ser severas en Estados Unidos. Incluso infracciones menores pueden resultar en multas significativas, y las condenas penales pueden tener consecuencias duraderas que afectan el empleo, la vivienda y el estatus migratorio. Es crucial entender que la ignorancia de la ley no es una excusa válida, y que ciertas acciones que podrían ser toleradas en otros países pueden tener serias repercusiones legales aquí.

El sistema legal estadounidense también se caracteriza por su énfasis en la documentación y los contratos escritos. Los acuerdos verbales, aunque pueden ser legalmente vinculantes en teoría, son más difíciles de hacer cumplir que los contratos escritos. Esta realidad se refleja en la importancia de leer y entender completamente cualquier documento legal antes de firmarlo, y de mantener registros detallados de transacciones importantes.

Los recursos alternativos de resolución de disputas, como la mediación y el arbitraje, son cada vez más comunes en el sistema legal estadounidense. Estos métodos pueden ofrecer soluciones más rápidas y menos costosas que los litigios tradicionales, y son frecuentemente utilizados en disputas laborales, familiares y comerciales.

Para los inmigrantes hispanoamericanos, navegar el sistema legal estadounidense requiere no solo comprender sus principios básicos, sino también adaptarse a una cultura legal diferente. Es importante buscar asesoramiento legal cuando sea necesario y no dudar en utilizar los recursos disponibles para proteger sus derechos y cumplir con sus obligaciones legales.

Servicios Públicos y Gobierno

Los servicios públicos y el gobierno en Estados Unidos operan bajo un sistema complejo y descentralizado que puede resultar confuso para los inmigrantes hispanoamericanos. Comprender cómo funcionan estos servicios es fundamental para navegar eficientemente la vida cotidiana y aprovechar los recursos disponibles para los residentes.

El gobierno estadounidense opera en tres niveles distintos: federal, estatal y local. Cada nivel tiene sus propias responsabilidades y servicios específicos. El gobierno federal se encarga de asuntos nacionales como la defensa, la seguridad social, el correo postal y las relaciones internacionales. Los gobiernos estatales manejan la educación pública, las carreteras estatales, la aplicación de la ley estatal y los programas de bienestar social específicos del estado. Los gobiernos locales, que incluyen condados, ciudades y municipios, son responsables de servicios como la policía local, los bomberos, las escuelas públicas locales, la recolección de basura y el mantenimiento de calles.

Los servicios públicos básicos como electricidad, gas natural y agua son proporcionados por una mezcla de empresas públicas y privadas, dependiendo de la ubicación. En muchas áreas, los residentes pueden elegir entre diferentes proveedores de servicios, especialmente para electricidad y gas. Es importante entender que, a diferencia de algunos países latinoamericanos, estos servicios no están necesariamente subsidiados por el gobierno y los costos pueden ser significativos.

El sistema de agua potable en Estados Unidos es generalmente seguro y confiable. El agua del grifo es potable en la mayoría de las áreas, siendo regulada por estrictos estándares federales y estatales. Sin embargo, las facturas de agua suelen incluir no solo el consumo sino también los servicios de alcantarillado y, en algunas áreas, el manejo de aguas pluviales.

La recolección de basura es típicamente un servicio municipal, aunque en algunas áreas puede ser proporcionado por empresas privadas contratadas por el gobierno local. La mayoría de las comunidades tienen programas de reciclaje obligatorios o voluntarios, y el incumplimiento de las regulaciones sobre la disposición de residuos puede resultar en multas.

El transporte público varía significativamente según la ubicación. Las grandes ciudades suelen tener sistemas extensos de autobuses y trenes, mientras que las áreas suburbanas y rurales pueden tener opciones limitadas. El financiamiento y la gestión del transporte público generalmente involucran una combinación de recursos federales, estatales y locales.

Las bibliotecas públicas son un recurso valioso y a menudo subutilizado. Además de libros, ofrecen acceso gratuito a internet, programas educativos, recursos para búsqueda de empleo y materiales en español. La tarjeta de biblioteca es generalmente gratuita para los residentes del área y puede obtenerse con una identificación válida y comprobante de domicilio.

Los parques y espacios recreativos públicos son mantenidos por diferentes niveles de gobierno. Los parques nacionales son administrados por el gobierno federal, los parques estatales por los estados individuales, y los parques locales por los gobiernos municipales. Muchos ofrecen programas gratuitos o de bajo costo para residentes.

El sistema de emergencias 911 es un servicio público crucial que conecta a los residentes con la policía, bomberos y servicios médicos de emergencia. Es importante entender que este servicio es para emergencias genuinas y que el mal uso puede resultar en multas significativas. Muchas áreas ahora ofrecen servicios de traducción para personas que no hablan inglés.

Los servicios sociales gubernamentales incluyen programas como SNAP (cupones de alimentos), Medicaid (seguro médico para personas de bajos ingresos), y TANF (asistencia temporal para familias necesitadas). Estos programas tienen requisitos específicos de elegibilidad y procesos de solicitud que pueden variar por estado.

Las oficinas de correos (USPS) son una institución federal que proporciona servicios postales básicos. A diferencia de algunos países latinoamericanos, el correo estadounidense es generalmente confiable y seguro. Además del USPS, existen empresas privadas de mensajería como FedEx y UPS.

Los departamentos de vehículos motorizados (DMV) son agencias estatales que manejan licencias de conducir, registros de vehículos y documentos de identificación. Aunque frecuentemente criticados por sus largos tiempos de espera, estos servicios son esenciales para la vida en Estados Unidos.

La participación ciudadana en el gobierno local es altamente valorada y fomentada. Las reuniones del consejo municipal y las audiencias públicas están abiertas a todos los residentes, independientemente de su estatus migratorio. Estas reuniones ofrecen oportunidades para expresar preocupaciones y participar en decisiones que afectan a la comunidad.

Los servicios de empleo estatales ofrecen recursos gratuitos para la búsqueda de trabajo, capacitación laboral y desarrollo profesional. Estos centros pueden ser particularmente útiles para inmigrantes que buscan integrarse en el mercado laboral estadounidense.

La transparencia gubernamental es un principio importante en Estados Unidos. La Ley de Libertad de Información (FOIA) permite a los residentes solicitar acceso a registros gubernamentales, y muchas agencias mantienen sitios web detallados con información pública.

Para los inmigrantes hispanoamericanos, navegar el sistema de servicios públicos puede ser desafiante inicialmente, pero comprender su funcionamiento es crucial para aprovechar plenamente los recursos disponibles y participar efectivamente en la sociedad estadounidense. Es importante recordar que muchas agencias gubernamentales ahora ofrecen servicios en español y tienen personal bilingüe para asistir a la comunidad hispana.

La Cultura del Auto

La cultura del automóvil en Estados Unidos es mucho más que un simple medio de transporte; representa un pilar fundamental de la identidad americana y un símbolo de libertad, independencia y estatus social. Para los inmigrantes hispanoamericanos, comprender esta relación única entre los estadounidenses y sus automóviles es esencial para adaptarse a la vida cotidiana en este país.

En Estados Unidos, el automóvil no es un lujo sino una necesidad práctica, especialmente fuera de las grandes ciudades. La infraestructura del país se ha desarrollado alrededor del uso del automóvil, con extensas redes de autopistas interestatales, abundantes estacionamientos y comunidades suburbanas diseñadas pensando en conductores. Esta dependencia del automóvil contrasta significativamente con muchas ciudades latinoamericanas, donde el transporte público y la vida peatonal son más comunes.

Obtener una licencia de conducir es considerado un rito de paso fundamental en la cultura estadounidense. Los adolescentes típicamente comienzan a tomar clases de manejo alrededor de los 15 o 16 años, y conseguir el primer auto es frecuentemente celebrado como un hito hacia la independencia. Para muchos padres estadounidenses, enseñar a sus hijos a conducir es una tradición familiar importante y una responsabilidad parental esperada.

El mantenimiento del automóvil es tomado muy en serio en la cultura estadounidense. Los propietarios suelen seguir estrictamente los calendarios de mantenimiento preventivo, cambios de aceite regulares y revisiones periódicas. Esta atención al mantenimiento no solo refleja una inversión financiera significativa, sino también un sentido de responsabilidad y orgullo en la propiedad del vehículo.

La selección de un automóvil en Estados Unidos a menudo refleja más que simplemente preferencias prácticas. El tipo de vehículo que una persona conduce puede ser visto como una extensión de su personalidad y estatus social. Los SUVs grandes son populares entre familias, los vehículos deportivos son frecuentemente asociados con juventud y éxito, mientras que los vehículos híbridos o eléctricos pueden indicar conciencia ambiental.

El financiamiento automotriz es una parte integral de la cultura del auto en Estados Unidos. La mayoría de los compradores financian sus vehículos a través de préstamos bancarios o arrendamientos, y establecer un buen historial crediticio es crucial para obtener tasas de interés favorables. Para muchos inmigrantes, este sistema de financiamiento puede ser significativamente diferente al de sus países de origen.

Las reglas de tránsito en Estados Unidos son generalmente más estrictas y mejor aplicadas que en muchos países latinoamericanos. Las multas por infracciones pueden ser costosas, y las violaciones graves pueden resultar en la suspensión de la licencia de conducir. El respeto por las señales de tráfico, límites de velocidad y reglas de estacionamiento es considerado una responsabilidad cívica importante.

El seguro automotriz es obligatorio en prácticamente todos los estados, y conducir sin seguro puede resultar en serias consecuencias legales y financieras. Los conductores deben entender los diferentes tipos de cobertura disponibles y mantener prueba de seguro en el vehículo en todo momento. Para inmigrantes recién llegados, navegar el sistema de seguros puede ser particularmente desafiante.

La cultura del "drive-through" es única en Estados Unidos, donde es común realizar múltiples actividades sin salir del automóvil. Desde ordenar comida y hacer transacciones bancarias hasta recoger medicamentos en la farmacia, el auto se ha convertido en una extensión del espacio personal y una herramienta de conveniencia.

El mantenimiento del automóvil también tiene un componente social importante. Los lavados de autos son una actividad regular de fin de semana, y muchos estadounidenses toman orgullo en mantener sus vehículos limpios y bien presentados. Las conversaciones sobre autos, modificaciones y rendimiento son temas comunes de socialización, especialmente entre hombres.

Las distancias largas son percibidas de manera diferente en Estados Unidos debido a la cultura del automóvil. Un viaje de dos horas en auto para ir al trabajo o hacer compras no es considerado inusual, y los viajes por carretera son una tradición americana valorada. Esta disposición a conducir largas distancias refleja tanto la infraestructura del país como una mentalidad cultural única.

La cultura del automóvil también influye en la arquitectura y el desarrollo urbano. Los centros comerciales grandes con amplios estacionamientos, las casas con garajes múltiples y las comunidades suburbanas extensas son todos productos de esta cultura centrada en el automóvil. Para los inmigrantes acostumbrados a ciudades más densas y peatonales, esta disposición espacial puede requerir un período de adaptación.

El conocimiento básico de mecánica automotriz es valorado en la cultura estadounidense. Muchas personas realizan mantenimiento básico por sí mismas, como cambiar aceite o neumáticos, y este conocimiento es frecuentemente transmitido de generación en generación. Las tiendas de autopartes son lugares comunes donde los entusiastas comparten conocimientos y consejos.

La cultura del automóvil en Estados Unidos también tiene implicaciones ambientales y sociales significativas. Mientras que el uso extensivo del automóvil ha contribuido a la contaminación y la dependencia de combustibles fósiles, también ha facilitado la movilidad social y económica, permitiendo a las personas vivir lejos de sus lugares de trabajo y acceder a mejores oportunidades.

Para los inmigrantes hispanoamericanos, adaptarse a la cultura del automóvil estadounidense puede requerir ajustes significativos en sus hábitos y expectativas. Sin embargo, comprender y participar en esta faceta de la vida americana es frecuentemente crucial para la integración exitosa en la sociedad estadounidense.

Compras y Consumo

La cultura de compras y consumo en Estados Unidos refleja profundamente los valores y prioridades de la sociedad americana, caracterizándose por su abundancia, variedad y un enfoque distintivo hacia la satisfacción del cliente. Para los inmigrantes hispanoamericanos, comprender estas dinámicas de consumo puede representar uno de los ajustes culturales más significativos en su proceso de adaptación.

El concepto de servicio al cliente en Estados Unidos es notablemente diferente al de muchos países latinoamericanos. Los comerciantes americanos operan bajo el lema "el cliente siempre tiene la razón", ofreciendo políticas de devolución y cambio extremadamente flexibles. Es común poder devolver artículos incluso después de varios meses de la compra, frecuentemente sin necesidad de justificación, algo que puede resultar sorprendente para quienes están acostumbrados a políticas más restrictivas en sus países de origen.

Los centros comerciales o "malls" representan mucho más que simples espacios de compra; son centros de socialización y entretenimiento que reflejan el estilo de vida americano. Estos espacios enormes, climatizados y cuidadosamente diseñados ofrecen una experiencia de compra que integra tiendas minoristas, restaurantes, cines y áreas de descanso. La disposición de estos lugares está pensada para maximizar el tiempo que los visitantes pasan dentro, fomentando el consumo a través de una experiencia cómoda y agradable.

Las temporadas de ofertas marcan el ritmo del consumo en Estados Unidos. El "Black Friday", el día después del Día de Acción de Gracias, se ha convertido en un fenómeno cultural que simboliza el inicio de la temporada de compras navideñas. Los consumidores hacen fila durante horas, incluso días, para aprovechar descuentos significativos. Otras fechas importantes incluyen las rebajas posteriores a Navidad, las ventas del Día de los Presidentes y las liquidaciones de fin de temporada.

El comercio electrónico ha revolucionado los hábitos de consumo americanos. Amazon y otras plataformas en línea han creado expectativas de entrega rápida, comparación inmediata de precios y acceso a una variedad prácticamente ilimitada de productos. La comodidad de comprar desde casa y recibir productos en la puerta se ha convertido en una norma, especialmente después de la pandemia de COVID-19.

Las tarjetas de fidelización y programas de recompensas son una parte integral de la cultura de consumo estadounidense. Prácticamente cada cadena de tiendas ofrece su propio programa de lealtad, proporcionando descuentos, puntos o beneficios especiales a los clientes frecuentes. Este sistema fomenta la lealtad a marcas específicas y puede resultar en ahorros significativos para los consumidores informados.

La cultura de cupones o "couponing" es un fenómeno distintivamente americano. Los consumidores dedican tiempo considerable a buscar, recortar y organizar cupones de descuento, que pueden encontrarse en periódicos, revistas, aplicaciones móviles y sitios web especializados. Para muchos, el uso estratégico de cupones se ha convertido en una forma de vida y una manera de maximizar el poder adquisitivo.

El concepto de calidad y garantía en Estados Unidos está profundamente arraigado en las expectativas del consumidor. Los productos defectuosos o que no cumplen con las expectativas son rápidamente devueltos y reemplazados, y las empresas generalmente respaldan sus productos con garantías extensas. Esta cultura de garantías y protección al consumidor refleja un sistema legal que favorece fuertemente los derechos del comprador.

Las grandes tiendas de descuento como Walmart, Target y Costco han transformado el panorama del consumo minorista. Estos establecimientos ofrecen precios competitivos a través de economías de escala y han establecido estándares de conveniencia con horarios extendidos y ubicaciones accesibles. La membresía en clubes de almacenes como Costco o Sam's Club se ha convertido en una estrategia común para familias que buscan ahorrar en compras al por mayor.

La cultura de consumo estadounidense también se caracteriza por ciclos estacionales marcados. Las tiendas cambian sus inventarios regularmente según la temporada, y los consumidores están acostumbrados a comprar con anticipación para eventos futuros. Es común ver artículos de verano en exhibición durante el invierno o decoraciones navideñas meses antes de diciembre.

El consumo consciente y sostenible está ganando importancia en Estados Unidos. Cada vez más consumidores buscan productos orgánicos, sostenibles y socialmente responsables. Las tiendas especializadas en productos naturales y ecológicos han proliferado, y las grandes cadenas han ampliado sus ofertas para incluir opciones más sustentables.

La publicidad y el marketing juegan un papel fundamental en la cultura de consumo americana. Los consumidores están expuestos constantemente a mensajes publicitarios a través de múltiples canales, desde la televisión tradicional hasta las redes sociales. La publicidad no solo promueve productos específicos sino también estilos de vida y valores asociados con el consumo.

Para los inmigrantes hispanoamericanos, adaptarse a estos patrones de consumo puede requerir un período de ajuste. La abundancia de opciones, las políticas de devolución liberales y la dependencia de tarjetas de crédito pueden contrastar significativamente con sus experiencias previas. Sin embargo, comprender y navegar efectivamente este sistema puede resultar en beneficios significativos en términos de ahorro y calidad de vida.

El manejo del dinero y el presupuesto familiar adquiere nuevas dimensiones en este contexto de consumo. Es importante desarrollar habilidades para distinguir entre necesidades y deseos, comprender las estrategias de marketing y mantener un control efectivo de los gastos en un entorno que constantemente incentiva el consumo.

El Sistema Bancario

El sistema bancario estadounidense puede parecer complejo para los recién llegados, pero comprender su funcionamiento es fundamental para la vida cotidiana en Estados Unidos. A diferencia de muchos países latinoamericanos, donde las transacciones en efectivo son comunes, la economía estadounidense funciona principalmente a través de sistemas bancarios electrónicos y tarjetas de crédito o débito.

La apertura de una cuenta bancaria es uno de los primeros pasos cruciales al establecerse en Estados Unidos. Los bancos generalmente ofrecen dos tipos principales de cuentas: la cuenta corriente (checking account) y la cuenta de ahorros (savings account). La cuenta corriente se utiliza para transacciones diarias, pago de facturas y compras, mientras que la cuenta de ahorros está diseñada para guardar dinero a largo plazo y generar intereses, aunque sean modestos.

Para abrir una cuenta bancaria, tradicionalmente se requiere una identificación válida, comprobante de domicilio y, en muchos casos, un número de Seguro Social. Sin embargo, reconociendo las necesidades de la comunidad inmigrante, muchos bancos ahora aceptan identificaciones consulares y números ITIN (Individual Taxpayer Identification Number) como alternativas al Seguro Social. Algunos bancos incluso ofrecen productos específicamente diseñados para clientes internacionales o recién llegados.

Los cajeros automáticos (ATMs) son ubicuos en la sociedad estadounidense y juegan un papel fundamental en el sistema bancario. La mayoría de los bancos tienen redes extensas de cajeros automáticos, y las tarjetas de débito pueden utilizarse en prácticamente cualquier cajero, aunque usar uno fuera de tu red bancaria generalmente implica cargos adicionales. Es importante familiarizarse con la ubicación de los cajeros de tu banco para evitar estos cargos.

La banca en línea y las aplicaciones móviles han revolucionado la manera en que los estadounidenses manejan su dinero. Estas plataformas permiten realizar transferencias, pagar facturas, depositar cheques mediante fotografías y monitorear las cuentas en tiempo real. La adopción de estas tecnologías no solo es conveniente sino prácticamente necesaria en la vida moderna estadounidense.

Los cheques, aunque menos comunes que en décadas anteriores, siguen siendo importantes en ciertos contextos. Muchos propietarios prefieren el pago del alquiler mediante cheque, y algunos empleadores todavía los utilizan para el pago de salarios. Es fundamental aprender a escribir cheques correctamente y mantener un registro preciso en el libro de cheques, aunque la mayoría de los bancos ofrecen registros digitales detallados.

Las transferencias electrónicas en Estados Unidos se realizan principalmente a través de dos sistemas: ACH (Automated Clearing House) para transferencias regulares como depósito directo de nómina, y wire transfers para transferencias más inmediatas pero con costos más elevados. Servicios como Zelle, integrados en muchas aplicaciones bancarias, han simplificado las transferencias entre personas, aunque principalmente para transferencias domésticas.

El concepto de crédito es fundamental en el sistema bancario estadounidense. Los bancos ofrecen diversos productos de crédito, desde tarjetas hasta préstamos personales y hipotecas. Establecer y mantener un buen historial crediticio es crucial, ya que afecta no solo la capacidad de obtener préstamos sino también aspectos como el alquiler de vivienda o la contratación de servicios.

Las tarifas bancarias pueden ser una sorpresa para muchos inmigrantes. Algunos bancos cobran cuotas mensuales de mantenimiento, aunque generalmente pueden evitarse manteniendo un saldo mínimo o cumpliendo otros requisitos como depósito directo de nómina. También existen cargos por sobregiro, aunque muchos bancos ofrecen protección contra sobregiros vinculando una cuenta de ahorros o una línea de crédito.

LA CULTURA ESTADOUNIDENSE 183

La seguridad bancaria en Estados Unidos es robusta. Los depósitos están asegurados por la FDIC (Federal Deposit Insurance Corporation) hasta $250,000 por depositante, por banco asegurado. Este sistema proporciona una red de seguridad importante y distingue a los bancos asegurados de otras instituciones financieras no bancarias.

Los bancos estadounidenses están sujetos a estrictas regulaciones contra el lavado de dinero y el financiamiento del terrorismo. Esto significa que las transacciones grandes o inusuales pueden generar reportes automáticos y posibles investigaciones. Es importante mantener registros claros de las fuentes de ingresos y estar preparado para explicar transacciones significativas.

La educación financiera es un aspecto crucial del sistema bancario estadounidense. Muchos bancos ofrecen recursos educativos gratuitos, seminarios y asesoramiento financiero básico. Aprovechar estos recursos puede ayudar a navegar mejor el sistema y tomar decisiones financieras más informadas.

La banca comunitaria y las cooperativas de crédito (credit unions) ofrecen alternativas a los grandes bancos comerciales. Las cooperativas de crédito son organizaciones sin fines de lucro que frecuentemente ofrecen mejores tasas de interés y tarifas más bajas, aunque pueden tener requisitos específicos de membresía basados en ubicación geográfica, empleador o profesión.

Para los inmigrantes que necesitan enviar dinero a sus países de origen, muchos bancos ofrecen servicios de transferencia internacional, aunque las tasas pueden ser significativas. Existen también numerosas empresas especializadas en remesas que pueden ofrecer tarifas más competitivas para transferencias internacionales.

La planificación financiera a largo plazo es una parte integral del sistema bancario estadounidense. Los bancos ofrecen diversos productos de inversión y retiro, como cuentas IRA (Individual Retirement Account) y certificados de depósito (CDs). Comprender estas opciones es crucial para la seguridad financiera a largo plazo en Estados Unidos.

Seguros y Protecciones

Los seguros y protecciones son un aspecto fundamental de la vida en Estados Unidos, donde la gestión del riesgo y la protección financiera son consideradas responsabilidades personales esenciales. Para muchos inmigrantes hispanos, el complejo sistema de seguros estadounidense puede resultar abrumador, especialmente porque en muchos países latinoamericanos los seguros no son tan prevalentes o requeridos.

En Estados Unidos, existen varios tipos de seguros que se consideran esenciales. El seguro de automóvil es legalmente obligatorio en casi todos los estados y debe mantenerse activo mientras el vehículo esté registrado. Este seguro típicamente incluye cobertura de responsabilidad civil, que paga por daños que puedas causar a otros, y puede incluir cobertura integral y de colisión para proteger tu propio vehículo. Las tarifas varían significativamente según factores como tu historial de manejo, ubicación, edad y tipo de vehículo.

El seguro de salud es otro componente crítico del sistema de protecciones estadounidense. Bajo la Ley del Cuidado de Salud Asequible (ACA), la mayoría de las personas deben mantener una cobertura médica o enfrentar penalidades. Los seguros médicos pueden obtenerse a través del empleador, el mercado de seguros federal o estatal, o programas gubernamentales como Medicaid y Medicare. Es importante entender conceptos como deducibles, copagos y coaseguros, ya que afectan directamente cuánto pagarás por servicios médicos.

El seguro de vivienda o de inquilinos es otro tipo de protección fundamental. Si eres propietario, el seguro de vivienda generalmente es requerido por el banco que financia tu hipoteca. Este seguro protege tanto la estructura de tu casa como tus pertenencias personales. Para inquilinos, el seguro de arrendatario es más económico y protege tus pertenencias personales contra robo, incendio y otros daños, además de proporcionar cobertura de responsabilidad civil.

El seguro de vida es una consideración importante, especialmente para familias con dependientes. Existen dos tipos principales: el seguro de vida temporal, que proporciona cobertura por un período específico, y el seguro de vida permanente, que incluye un componente de inversión además de la cobertura por fallecimiento. Muchos empleadores ofrecen seguros de vida básicos como parte de sus beneficios, pero frecuentemente se recomienda obtener cobertura adicional.

El seguro de discapacidad es otra protección crucial que muchos pasan por alto. Este seguro proporciona ingresos si te vuelves incapaz de trabajar debido a una enfermedad o lesión. Existen coberturas de discapacidad a corto y largo plazo, y algunos empleadores las ofrecen como parte de sus paquetes de beneficios.

Los seguros comerciales son esenciales para propietarios de negocios. Estos pueden incluir responsabilidad general, compensación laboral, seguro de propiedad comercial y protección contra interrupciones del negocio. Para profesionales independientes, el seguro de responsabilidad profesional puede ser crucial para protegerse contra reclamaciones relacionadas con sus servicios.

El seguro de cuidado a largo plazo es una consideración importante para la planificación del futuro. Este tipo de seguro cubre los costos de atención prolongada en caso de enfermedad crónica o discapacidad, ya sea en casa o en un centro especializado. Aunque puede ser costoso, puede proteger los ahorros de toda una vida de los gastos significativos del cuidado médico en la vejez.

La comprensión de las pólizas de seguro es fundamental. Cada póliza tiene un lenguaje específico que define qué está cubierto y qué no, los límites de cobertura y las exclusiones. Es importante leer cuidadosamente la letra pequeña y no dudar en hacer preguntas a los agentes de seguros sobre cualquier término o condición que no esté claro.

Las reclamaciones de seguro requieren documentación detallada y seguimiento de procedimientos específicos. Es crucial reportar incidentes prontamente, mantener registros precisos y seguir los protocolos establecidos por la compañía de seguros. El incumplimiento de estos procedimientos puede resultar en la negación de reclamaciones válidas.

Los deducibles son una característica común en las pólizas de seguros estadounidenses. Representan la cantidad que debes pagar de tu bolsillo antes de que el seguro comience a cubrir los gastos. Generalmente, cuanto más alto sea el deducible, menor será la prima mensual, pero mayor será tu responsabilidad financiera en caso de una reclamación.

La selección de una compañía de seguros requiere investigación cuidadosa. Factores importantes incluyen la solidez financiera de la compañía, su reputación en el manejo de reclamaciones, las calificaciones de satisfacción del cliente y, por supuesto, los costos. Es recomendable obtener múltiples cotizaciones y comparar coberturas antes de tomar una decisión.

Los agentes de seguros pueden ser recursos valiosos para navegar el sistema. Existen dos tipos principales: agentes cautivos que representan a una única compañía de seguros y agentes independientes que pueden ofrecer productos de múltiples aseguradoras. Un buen agente puede ayudar a identificar las coberturas necesarias y encontrar las mejores opciones dentro de tu presupuesto.

Las protecciones adicionales, como seguros contra inundaciones o terremotos, pueden ser necesarias dependiendo de tu ubicación geográfica. Estas coberturas generalmente no están incluidas en las pólizas estándar de propietarios de vivienda y deben adquirirse por separado.

La evaluación regular de las necesidades de seguro es importante a medida que las circunstancias de vida cambian. Eventos como matrimonio, nacimiento de hijos, compra de una casa o inicio de un negocio pueden requerir ajustes en las coberturas existentes o la adición de nuevas protecciones.

Manejo del Estrés Cultural

El manejo del estrés cultural es uno de los desafíos más significativos que enfrentan los inmigrantes hispanos al adaptarse a la vida en Estados Unidos. Este fenómeno, conocido como choque cultural, puede manifestarse de diversas formas y afectar tanto el bienestar emocional como el desempeño en diferentes áreas de la vida cotidiana.

El estrés cultural surge cuando nos encontramos constantemente navegando entre dos sistemas de valores y comportamientos diferentes. Para los hispanos en Estados Unidos, esto puede incluir la adaptación a nuevas normas sociales, diferentes estilos de comunicación, distintos horarios y rutinas, y expectativas laborales divergentes. Este estrés se intensifica cuando se combina con los desafíos prácticos de la inmigración, como el aprendizaje del idioma, la búsqueda de empleo o la construcción de nuevas redes sociales.

Los síntomas del estrés cultural pueden manifestarse de diferentes maneras. Algunos experimentan fatiga mental por el constante esfuerzo de comunicarse en inglés, mientras que otros pueden sentir ansiedad social al enfrentar situaciones que requieren navegar códigos culturales desconocidos. La nostalgia por el país de origen, la sensación de aislamiento y la frustración por malentendidos culturales son también manifestaciones comunes de este tipo de estrés.

Una de las estrategias más efectivas para manejar el estrés cultural es reconocer que es una respuesta normal y temporal al proceso de adaptación. No es un signo de fracaso o debilidad, sino una parte natural del proceso de aculturación. Comprender esto puede ayudar a reducir la ansiedad adicional que surge de sentirse inadecuado o fuera de lugar.

El desarrollo de rutinas diarias puede proporcionar un sentido de estabilidad durante el proceso de adaptación. Esto puede incluir mantener horarios regulares para comidas, ejercicio y descanso, así como incorporar gradualmente nuevas costumbres estadounidenses mientras se preservan tradiciones familiares significativas. La estructura ayuda a crear un sentido de normalidad en medio del cambio.

La construcción de una red de apoyo es fundamental para manejar el estrés cultural. Esto puede incluir conectarse con otros inmigrantes hispanos que han pasado por experiencias similares, participar en grupos comunitarios o religiosos, y mantener contacto regular con familiares y amigos en el país de origen. Las tecnologías modernas facilitan mantener estos vínculos importantes que pueden proporcionar consuelo y orientación.

El autocuidado adquiere una importancia especial durante el proceso de adaptación cultural. Esto incluye mantener una dieta saludable, hacer ejercicio regularmente y asegurar un descanso adecuado. También es importante reconocer cuándo el estrés se vuelve abrumador y buscar ayuda profesional. Muchas comunidades tienen consejeros y terapistas que hablan español y comprenden los desafíos específicos de la inmigración.

El aprendizaje activo sobre la cultura estadounidense puede ayudar a reducir la ansiedad relacionada con las interacciones sociales y profesionales. Esto puede incluir tomar clases de inglés, participar en eventos comunitarios, leer sobre costumbres locales y practicar nuevas habilidades sociales en un ambiente seguro. El conocimiento genera confianza y puede ayudar a navegar situaciones desafiantes con mayor facilidad.

Es importante mantener un equilibrio entre la adaptación a la nueva cultura y la preservación de la identidad cultural propia. Esto no significa que debas abandonar tus valores o tradiciones, sino encontrar formas de integrarlos con aspectos de la cultura estadounidense que resulten significativos para ti. Este enfoque bicultural puede ser una fuente de fortaleza y resiliencia.

El manejo del tiempo y las expectativas es crucial para reducir el estrés cultural. Establecer metas realistas para la adaptación y reconocer que el proceso llevará tiempo puede ayudar a prevenir la frustración y el desánimo. Cada persona se adapta a su propio ritmo, y no hay un cronograma "correcto" para sentirse cómodo en la nueva cultura.

La práctica de la atención plena y otras técnicas de relajación puede ser especialmente útil para manejar el estrés cultural. Esto puede incluir meditación, ejercicios de respiración, yoga o cualquier otra actividad que ayude a mantener la calma y la perspectiva en momentos de tensión. Estas prácticas pueden ayudar a procesar las emociones y mantener un equilibrio mental.

El humor y la creatividad pueden ser herramientas valiosas para manejar el estrés cultural. Encontrar el lado divertido en los malentendidos culturales y usar la creatividad para resolver desafíos de adaptación puede hacer que el proceso sea más llevadero. Compartir estas experiencias con otros puede crear conexiones significativas y ayudar a mantener una perspectiva positiva.

Es importante recordar que el proceso de adaptación cultural no es lineal. Habrá días buenos y días difíciles, momentos de progreso y retrocesos ocasionales. La clave es mantener una actitud resiliente y ver cada desafío como una oportunidad de aprendizaje y crecimiento personal.

La búsqueda activa de recursos y apoyo en la comunidad puede marcar una diferencia significativa en el manejo del estrés cultural. Muchas organizaciones comunitarias, bibliotecas públicas y centros culturales ofrecen programas y servicios diseñados específicamente para ayudar a los inmigrantes en su proceso de adaptación. Aprovechar estos recursos puede proporcionar herramientas valiosas y conexiones importantes.

Finalmente, es fundamental reconocer y celebrar los logros en el proceso de adaptación, por pequeños que parezcan. Cada paso adelante, desde mantener una conversación exitosa en inglés hasta navegar una situación social compleja, representa un avance en el camino hacia la adaptación cultural. Reconocer estos logros puede ayudar a mantener la motivación y construir la confianza necesaria para enfrentar desafíos futuros.

Preservando Tu Identidad Latina

La preservación de la identidad latina mientras se vive en Estados Unidos representa un equilibrio delicado que muchos inmigrantes hispanos luchan por mantener. En un país donde la asimilación cultural puede parecer abrumadora, conservar nuestras raíces culturales no solo es posible sino fundamental para nuestro bienestar emocional y sentido de pertenencia.

Mantener el idioma español es quizás uno de los aspectos más cruciales de la preservación de nuestra identidad cultural. Aunque el dominio del inglés es esencial para el éxito en Estados Unidos, continuar utilizando y cultivando el español en el hogar y con otros miembros de la comunidad latina ayuda a mantener vivos nuestros lazos culturales. Esto es especialmente importante si tienes hijos, ya que el bilingüismo no solo les ofrece ventajas cognitivas y profesionales, sino que también les permite conectar de manera más profunda con su herencia cultural.

Las tradiciones familiares juegan un papel fundamental en la preservación de nuestra identidad latina. Continuar celebrando fechas importantes como el Día de los Muertos, las posadas, quinceañeras, o simplemente mantener las reuniones familiares dominicales, ayuda a crear un puente entre nuestras raíces y nuestra nueva vida en Estados Unidos. Estas celebraciones no solo nos conectan con nuestra cultura de origen, sino que también pueden enriquecer la experiencia de nuestros vecinos y amigos estadounidenses cuando los incluimos en nuestras tradiciones.

La gastronomía representa otro pilar fundamental de nuestra identidad cultural. Mantener vivas las recetas familiares, enseñar a nuestros hijos a cocinar platillos tradicionales y compartir nuestra comida con otros no solo nos conecta con nuestros orígenes sino que también nos permite transmitir nuestra cultura a las siguientes generaciones. Los mercados latinos y las tiendas de productos internacionales en Estados Unidos facilitan el acceso a ingredientes tradicionales, permitiéndonos recrear los sabores de casa.

La música, el arte y la literatura latina también juegan un papel crucial en la preservación de nuestra identidad cultural. Escuchar música en español, asistir a eventos culturales latinos, leer literatura hispanoamericana y participar en actividades artísticas relacionadas con nuestra cultura nos ayuda a mantener una conexión viva con nuestras raíces. Además, estas expresiones culturales pueden servir como puente para compartir nuestra herencia con la comunidad en general.

Es importante reconocer que preservar nuestra identidad latina no significa rechazar la cultura estadounidense. Por el contrario, se trata de encontrar un equilibrio saludable que nos permita integrar lo mejor de ambos mundos. Esta dualidad cultural puede convertirse en una fuente de riqueza personal y profesional, permitiéndonos navegar eficazmente entre diferentes contextos culturales.

La participación en organizaciones y grupos comunitarios latinos puede proporcionar un espacio vital para mantener y celebrar nuestra identidad cultural. Estos grupos no solo ofrecen oportunidades para socializar con otros hispanos, sino que también pueden servir como recursos para mantener vivas nuestras tradiciones y apoyarnos mutuamente en el proceso de adaptación cultural.

El orgullo por nuestra herencia latina debe manifestarse de manera positiva y constructiva. Esto significa compartir nuestra cultura con otros de manera abierta y receptiva, mientras mantenemos una actitud respetuosa hacia la cultura estadounidense. Este enfoque nos permite ser embajadores culturales efectivos y contribuir al enriquecimiento de la diversidad cultural en Estados Unidos.

La tecnología moderna ofrece numerosas herramientas para mantener nuestra conexión con la cultura latina. Las redes sociales, las aplicaciones de comunicación y las plataformas de streaming nos permiten mantenernos conectados con noticias, entretenimiento y tendencias culturales de nuestros países de origen, así como con familiares y amigos que viven lejos.

Es fundamental transmitir valores culturales latinos importantes como el respeto por los mayores, la importancia de la familia y la solidaridad comunitaria, adaptándolos al contexto estadounidense. Estos valores pueden coexistir perfectamente con valores estadounidenses como la independencia y la iniciativa personal, creando una síntesis cultural única y enriquecedora.

La preservación de nuestra identidad latina también implica mantener ciertas formas de interacción social características de nuestra cultura, como el contacto físico más cercano, las expresiones de afecto más abiertas y la comunicación más indirecta y contextual. Sin embargo, es importante aprender a ajustar estos comportamientos según el contexto social en el que nos encontremos.

El desarrollo de una identidad bicultural sólida requiere consciencia y esfuerzo constante. Implica tomar decisiones conscientes sobre qué aspectos de nuestra cultura queremos preservar y transmitir, mientras nos mantenemos abiertos a incorporar elementos valiosos de la cultura estadounidense. Este proceso de selección y adaptación es personal y único para cada individuo y familia.

Finalmente, es importante recordar que nuestra identidad latina es dinámica y evoluciona con el tiempo. No se trata de mantener una versión estática o idealizada de nuestra cultura de origen, sino de permitir que nuestra identidad cultural crezca y se adapte mientras mantiene su esencia fundamental. Esta flexibilidad nos permite crear una identidad cultural rica y significativa que honra nuestras raíces mientras abraza las oportunidades que nos ofrece nuestra nueva vida en Estados Unidos.

Criando Niños Biculturales

La crianza de niños biculturales en Estados Unidos presenta desafíos únicos y oportunidades extraordinarias para las familias hispanas. Este capítulo explora las estrategias y consideraciones esenciales para criar hijos que puedan navegar exitosamente entre dos culturas, desarrollando una identidad sólida que incorpore lo mejor de ambos mundos.

El primer paso fundamental en la crianza bicultural es establecer un ambiente familiar que valore y celebre activamente ambas culturas. Esto significa crear un espacio donde tanto el español como el inglés sean utilizados naturalmente, donde las tradiciones latinoamericanas coexistan armoniosamente con las estadounidenses, y donde los niños aprendan a sentirse cómodos y orgullosos de su herencia dual.

El bilingüismo representa uno de los regalos más valiosos que podemos ofrecer a nuestros hijos. Mantener el español en casa mientras los niños aprenden inglés en la escuela requiere consistencia y dedicación. Es común que los niños atraviesen períodos donde prefieran usar exclusivamente el inglés, especialmente durante los años escolares tempranos cuando buscan encajar con sus compañeros. Como padres, es crucial mantener la comunicación en español sin convertirlo en una fuente de conflicto, encontrando formas creativas de hacer el uso del idioma atractivo y relevante para ellos.

La exposición a la cultura latina debe ir más allá del idioma. Involucrar a los niños en la preparación de platillos tradicionales, participar en celebraciones culturales, escuchar música latina y mantener contacto regular con familiares en el país de origen son formas efectivas de crear conexiones significativas con su herencia cultural. Las visitas al país de origen, cuando son posibles, pueden ser experiencias transformadoras que ayudan a los niños a desarrollar una comprensión más profunda y personal de sus raíces.

LA CULTURA ESTADOUNIDENSE

Es importante ayudar a los niños a comprender que ser bicultural es una ventaja, no una carga. Pueden surgir momentos de confusión o frustración cuando los niños perciban diferencias entre sus dos mundos culturales. Como padres, debemos estar preparados para tener conversaciones abiertas sobre identidad, pertenencia y diversidad cultural. Estas discusiones deben adaptarse a la edad del niño y abordar sus preocupaciones específicas con empatía y comprensión.

Los niños biculturales pueden enfrentar presiones únicas en la escuela y en sus círculos sociales. Pueden sentirse diferentes a sus compañeros o experimentar momentos de discriminación. Es fundamental equiparlos con las herramientas emocionales necesarias para manejar estas situaciones, fomentando su autoestima y ayudándoles a desarrollar respuestas asertivas ante la discriminación o los estereotipos negativos.

La conexión con otros niños biculturales puede ser enormemente beneficiosa. Buscar oportunidades para que nuestros hijos interactúen con otros niños que comparten experiencias similares puede ayudarles a sentirse menos solos en su viaje bicultural. Esto puede lograrse a través de grupos comunitarios, actividades culturales o programas después de la escuela diseñados específicamente para niños latinos.

El papel de los abuelos y familiares extendidos es particularmente importante en la crianza bicultural. Cuando es posible, mantener conexiones fuertes con la familia extendida proporciona a los niños modelos culturales adicionales y refuerza su comprensión de las tradiciones y valores latinos. La tecnología moderna facilita estas conexiones a través de videollamadas regulares y redes sociales.

La educación formal puede complementarse con actividades que apoyen el desarrollo bicultural. Esto puede incluir clases de español para heritage speakers, participación en grupos de danza folklórica, o programas de intercambio cultural. Algunas familias optan por escuelas bilingües o programas de inmersión dual cuando están disponibles en su área.

Es crucial recordar que cada niño desarrollará su propia relación única con sus dos culturas. Algunos pueden identificarse más fuertemente con un aspecto de su herencia en diferentes etapas de su vida, y esto es completamente normal. Nuestra tarea como padres es proporcionar las herramientas y el apoyo necesarios para que puedan explorar y desarrollar su identidad cultural de manera saludable.

La crianza bicultural también implica ayudar a nuestros hijos a navegar las diferentes expectativas y normas sociales entre las culturas latina y estadounidense. Por ejemplo, pueden necesitar entender cómo el respeto se expresa de manera diferente en cada cultura, o cómo manejar las diferencias en las dinámicas familiares y sociales.

Finalmente, es importante modelar una actitud positiva hacia la biculturalidad. Los niños aprenden principalmente a través del ejemplo, por lo que nuestra propia comodidad y orgullo en nuestra identidad bicultural influirá significativamente en cómo nuestros hijos perciben y valoran su herencia dual. Demostrar aprecio por ambas culturas, mantener una mente abierta y manejar los desafíos culturales con gracia y humor puede ayudar a nuestros hijos a desarrollar una perspectiva similar.

La crianza de niños biculturales es un viaje complejo pero increíblemente gratificante. Al proporcionar a nuestros hijos las herramientas, el apoyo y el ambiente necesarios para desarrollar una identidad cultural sólida y flexible, les estamos preparando para prosperar en un mundo cada vez más globalizado y multicultural.

Navegando Relaciones Interculturales

Las relaciones interculturales representan uno de los aspectos más enriquecedores y desafiantes de la vida en Estados Unidos para los inmigrantes hispanos. En este capítulo, exploraremos las complejidades y oportunidades que surgen al establecer y mantener relaciones significativas con personas de diferentes orígenes culturales.

La construcción de relaciones interculturales comienza con la comprensión de que las diferencias culturales influyen profundamente en cómo nos comunicamos, expresamos emociones y construimos vínculos. Los estadounidenses tienden a valorar la comunicación directa y la eficiencia en las interacciones sociales, mientras que la cultura hispana suele enfatizar las relaciones personales y la comunicación indirecta. Reconocer y adaptarse a estas diferencias es fundamental para establecer conexiones exitosas.

En el contexto laboral, las relaciones interculturales requieren una atención especial a las normas profesionales estadounidenses. Los límites entre lo personal y lo profesional suelen ser más definidos que en América Latina. Por ejemplo, mientras que en nuestra cultura es común desarrollar amistades cercanas con colegas de trabajo, en Estados Unidos estas relaciones tienden a mantenerse más formales. Esto no significa que los estadounidenses sean fríos o distantes, sino que tienen diferentes expectativas sobre las relaciones profesionales.

Las amistades interculturales pueden desarrollarse de manera gradual y requieren paciencia y apertura mental de ambas partes. Es importante recordar que los estadounidenses suelen programar incluso las interacciones sociales casuales, lo que puede parecer demasiado estructurado para alguien de origen latino. Aceptar estas diferencias y estar dispuesto a adaptarse, sin perder nuestra propia identidad cultural, es clave para construir amistades duraderas.

El romance intercultural presenta sus propios desafíos y oportunidades. Las relaciones amorosas entre personas de diferentes culturas requieren una comunicación especialmente clara y honesta sobre expectativas, valores y tradiciones familiares. Temas como el rol de la familia extendida, las expectativas de género, la crianza de los hijos y las celebraciones culturales deben discutirse abiertamente. Estas conversaciones pueden ser incómodas al principio, pero son esenciales para construir una base sólida para la relación.

La familia juega un papel crucial en las relaciones interculturales. Cuando se forman parejas interculturales, la integración de ambas familias puede presentar desafíos significativos. Las diferentes expectativas sobre el rol de los suegros, las tradiciones familiares y la frecuencia de las reuniones familiares pueden generar tensiones. Es importante abordar estos temas con sensibilidad y buscar compromisos que respeten ambas culturas.

Los malentendidos culturales son inevitables en las relaciones interculturales. Lo que puede parecer perfectamente normal en una cultura puede ser considerado grosero o inapropiado en otra. Por ejemplo, la costumbre latina de llegar "fashionably late" a eventos sociales puede causar fricción con amigos estadounidenses que valoran la puntualidad. En lugar de juzgar estas diferencias como "correctas" o "incorrectas", es más productivo verlas como oportunidades para aprender y crecer juntos.

El humor y las bromas pueden ser particularmente desafiantes en las relaciones interculturales. Lo que es gracioso en una cultura puede no traducirse bien a otra, y algunos tipos de humor pueden incluso ser ofensivos sin intención. Es importante desarrollar la capacidad de reír de los malentendidos culturales y usar el humor como herramienta para construir puentes, siempre con sensibilidad y respeto.

Las celebraciones y tradiciones ofrecen excelentes oportunidades para fortalecer las relaciones interculturales. Compartir nuestras festividades tradicionales con amigos estadounidenses y participar en sus celebraciones puede crear momentos significativos de conexión cultural. Estas experiencias compartidas ayudan a construir un entendimiento más profundo y apreciación mutua.

La religión y la espiritualidad pueden ser aspectos importantes en las relaciones interculturales. Mientras que la religión puede ser un tema más privado en la cultura estadounidense, en la cultura latina suele ser más abiertamente discutida y practicada. Encontrar un equilibrio respetuoso en cuanto a las creencias y prácticas religiosas es esencial para mantener relaciones armoniosas.

El lenguaje puede ser tanto una barrera como un puente en las relaciones interculturales. Aunque no es necesario tener un dominio perfecto del inglés para formar conexiones significativas, es importante esforzarse por mejorar las habilidades lingüísticas. Al mismo tiempo, compartir nuestro idioma y enseñar español a amigos interesados puede crear vínculos especiales.

Los conflictos en las relaciones interculturales requieren un manejo cuidadoso. Es importante abordar los desacuerdos con una mente abierta, reconociendo que las diferencias culturales pueden estar en la raíz del conflicto. La comunicación clara y la voluntad de ver las situaciones desde diferentes perspectivas culturales son fundamentales para resolver conflictos de manera efectiva.

Las relaciones interculturales exitosas requieren un compromiso continuo con el aprendizaje y la adaptación. Cada interacción es una oportunidad para desarrollar mayor comprensión cultural y empatía. Es importante mantener la curiosidad y el deseo de aprender sobre otras culturas, mientras compartimos abiertamente nuestra propia herencia cultural.

La tecnología moderna ha facilitado enormemente el mantenimiento de relaciones interculturales. Las redes sociales, las aplicaciones de mensajería y las videollamadas permiten mantener conexiones significativas incluso cuando existen barreras geográficas o de programación. Sin embargo, es importante recordar que la tecnología debe complementar, no reemplazar, las interacciones personales.

En última instancia, las relaciones interculturales exitosas se basan en el respeto mutuo, la apertura mental y la voluntad de crecer juntos. Estas conexiones no solo enriquecen nuestras vidas personales, sino que también contribuyen a crear una sociedad más inclusiva y comprensiva. Al navegar conscientemente estas relaciones, podemos construir puentes duraderos entre culturas y crear un futuro más conectado y armonioso.

Resolución de Conflictos

La resolución de conflictos en Estados Unidos sigue patrones y expectativas culturales específicas que pueden diferir significativamente de los métodos tradicionales en América Latina. Comprender estas diferencias es fundamental para navegar exitosamente los desacuerdos y mantener relaciones saludables en el contexto estadounidense.

En la cultura estadounidense, se espera que los conflictos se aborden de manera directa y profesional. Mientras que en la cultura latina podemos tender a evitar la confrontación directa para mantener la armonía social, los estadounidenses generalmente prefieren abordar los problemas inmediatamente y de frente. Esta diferencia fundamental puede crear incomodidad inicial para los hispanos, pero adaptarse a este enfoque más directo puede prevenir malentendidos mayores a largo plazo.

El ambiente laboral estadounidense tiene protocolos específicos para la resolución de conflictos. La mayoría de las empresas cuentan con procedimientos formales que incluyen la documentación del problema, reuniones con supervisores y posiblemente la intervención del departamento de recursos humanos. Es importante familiarizarse con estos procesos y no dudar en utilizarlos cuando sea necesario. Los estadounidenses ven estos procedimientos como herramientas profesionales normales, no como señales de agresión o falta de capacidad para resolver problemas.

En el contexto vecinal, los conflictos suelen manejarse de manera más formal que en América Latina. En lugar de resolver desacuerdos a través de conversaciones informales o mediación familiar, los estadounidenses pueden recurrir a asociaciones de propietarios, autoridades locales o incluso abogados. Esto no significa que sean más conflictivos, sino que tienen una estructura diferente para manejar los desacuerdos.

La comunicación durante un conflicto en Estados Unidos sigue ciertas reglas no escritas. Se espera que las personas mantengan un tono de voz moderado, eviten gestos exagerados y expresen sus preocupaciones de manera clara y específica. La expresividad emocional típica de la cultura latina puede ser malinterpretada en este contexto como agresión o falta de profesionalismo. Aprender a modular nuestra expresión emocional mientras mantenemos nuestra autenticidad es una habilidad importante.

Los estadounidenses valoran mucho la documentación en la resolución de conflictos. Esto significa mantener registros escritos de incidentes, conversaciones y acuerdos. Aunque esto pueda parecer excesivamente formal para alguien de origen latino, es una práctica cultural importante que puede proteger nuestros intereses y clarificar malentendidos futuros.

En el ámbito educativo, los conflictos entre estudiantes o con profesores tienen canales específicos de resolución. Las escuelas estadounidenses suelen tener consejeros y mediadores designados para manejar desacuerdos. Es importante que tanto padres como estudiantes hispanos comprendan estos recursos y no duden en utilizarlos cuando sea necesario.

La mediación profesional es una herramienta común en la resolución de conflictos en Estados Unidos. Ya sea en disputas laborales, familiares o comerciales, los mediadores profesionales son vistos como recursos valiosos para alcanzar acuerdos justos. Esta práctica puede parecer innecesariamente formal para algunos latinos, pero puede ser muy efectiva en el contexto estadounidense.

El sistema legal estadounidense juega un papel importante en la resolución de conflictos, pero no siempre debe ser el primer recurso. Los estadounidenses valoran los intentos de resolver desacuerdos de manera amistosa antes de recurrir a medidas legales. Sin embargo, es importante conocer nuestros derechos legales y no dudar en buscar asesoría legal cuando sea necesario.

LA CULTURA ESTADOUNIDENSE

En conflictos familiares, las expectativas culturales pueden chocar significativamente. Mientras que en la cultura latina la familia extendida puede involucrarse en la resolución de conflictos, en Estados Unidos se espera que los problemas se manejen de manera más privada, posiblemente con la ayuda de terapeutas familiares o consejeros profesionales.

La resolución de conflictos en relaciones interculturales requiere una sensibilidad especial hacia las diferencias en estilos de comunicación y expectativas culturales. Es importante reconocer que lo que puede parecer una respuesta natural en nuestra cultura de origen puede ser interpretado de manera muy diferente en el contexto estadounidense.

El tiempo juega un papel crucial en la resolución de conflictos en Estados Unidos. Los estadounidenses tienden a preferir resoluciones rápidas y eficientes, mientras que en la cultura latina podemos estar más cómodos con procesos más graduales que permitan que las emociones se calmen naturalmente. Encontrar un equilibrio entre estas diferentes perspectivas temporales es importante.

El concepto de compromiso es fundamental en la resolución de conflictos estadounidense. Se espera que ambas partes estén dispuestas a ceder en algunos aspectos para llegar a una solución mutuamente aceptable. Este enfoque pragmático puede contrastar con perspectivas más orientadas a principios que son comunes en algunas culturas latinas.

La asertividad, una habilidad altamente valorada en la cultura estadounidense, es esencial en la resolución de conflictos. Esto implica expresar nuestras necesidades y opiniones de manera clara y respetuosa, sin ser agresivos ni demasiado pasivos. Para muchos latinos, desarrollar esta habilidad puede requerir práctica consciente.

El seguimiento después de un conflicto también tiene sus propias normas culturales. En Estados Unidos, una vez que se llega a una resolución, se espera que las partes mantengan un trato profesional y cordial, incluso si no desarrollan una relación personal cercana. Esta capacidad de mantener relaciones funcionales después de un conflicto es una habilidad importante en el contexto estadounidense.

La prevención de conflictos es tan importante como su resolución. Comprender y adaptarse a las normas culturales estadounidenses, mantener una comunicación clara y establecer expectativas explícitas desde el principio puede ayudar a evitar muchos conflictos antes de que surjan. Esta preparación proactiva es especialmente importante para los inmigrantes hispanos que están navegando un nuevo contexto cultural.

Adaptándose Sin Perder Raíces

La adaptación a la vida en Estados Unidos no significa abandonar nuestra identidad cultural latina. Por el contrario, el desafío radica en encontrar un equilibrio armonioso entre mantener nuestras raíces culturales mientras nos integramos exitosamente en la sociedad estadounidense. Este proceso de adaptación requiere consciencia, flexibilidad y una comprensión profunda de ambas culturas.

Uno de los aspectos más importantes es mantener el idioma español vivo, especialmente en el entorno familiar. Mientras que es fundamental desarrollar un buen dominio del inglés para el éxito profesional y social, el español representa un vínculo invaluable con nuestra herencia cultural. Muchas familias establecen políticas lingüísticas en el hogar, como hablar español durante las cenas familiares o designar ciertos días como "días de español" para asegurar que los niños mantengan la lengua materna.

Las tradiciones familiares juegan un papel crucial en la preservación de nuestra identidad cultural. Celebrar fechas importantes de nuestros países de origen, preparar platillos tradicionales y mantener costumbres específicas de nuestra cultura ayuda a crear un sentido de continuidad y conexión con nuestras raíces. Al mismo tiempo, podemos incorporar celebraciones estadounidenses, creando así una rica mezcla cultural que beneficia a toda la familia.

La gastronomía es otro elemento fundamental en la preservación de nuestra identidad cultural. Mantener vivas las recetas familiares y enseñar a las nuevas generaciones a preparar platillos tradicionales no solo preserva nuestra cultura culinaria sino que también fortalece los lazos familiares. Podemos complementar nuestra dieta con platos estadounidenses, creando una experiencia gastronómica diversa que refleje nuestra realidad bicultural.

Las redes de apoyo comunitario son esenciales en este proceso de adaptación. Conectar con otros latinos en Estados Unidos, participar en organizaciones culturales y mantener vínculos con la comunidad hispana local puede proporcionar un espacio seguro para expresar y celebrar nuestra identidad cultural. Estas conexiones también pueden servir como fuente de apoyo emocional y práctico durante el proceso de adaptación.

La educación cultural de los hijos requiere un enfoque consciente y equilibrado. Es importante enseñarles sobre su herencia latina, incluyendo historia, tradiciones y valores, mientras se les ayuda a desenvolverse exitosamente en la sociedad estadounidense. Los padres pueden utilizar libros, música, películas y viajes a países de origen para fortalecer esta conexión cultural.

En el ámbito profesional, nuestra identidad latina puede ser una ventaja significativa. El bilingüismo y la comprensión de diferentes perspectivas culturales son habilidades cada vez más valoradas en el mercado laboral estadounidense. Sin embargo, es importante aprender a navegar las expectativas profesionales estadounidenses mientras mantenemos aspectos valiosos de nuestra cultura laboral latina.

La espiritualidad y las prácticas religiosas son otro aspecto importante de nuestra identidad cultural que puede y debe preservarse. Ya sea a través de la participación en servicios religiosos en español o manteniendo tradiciones espirituales específicas, estas prácticas pueden proporcionar continuidad y consuelo durante el proceso de adaptación.

La expresión artística y cultural puede ser una herramienta poderosa para mantener vivas nuestras raíces. Participar en eventos culturales, apoyar a artistas latinos y crear espacios para la expresión cultural latina en nuestra comunidad contribuye a la preservación y celebración de nuestra herencia.

Es fundamental reconocer que la adaptación no significa asimilación completa. Podemos adoptar aspectos positivos de la cultura estadounidense mientras mantenemos elementos centrales de nuestra identidad latina. Esta integración selectiva nos permite desarrollar una identidad cultural rica y matizada que incorpora lo mejor de ambos mundos.

El manejo del tiempo y las relaciones sociales puede requerir ajustes significativos. Mientras que la cultura estadounidense tiende a ser más estructurada y orientada a horarios, podemos mantener aspectos de la flexibilidad latina en contextos apropiados, como reuniones familiares o encuentros sociales con otros latinos.

La crianza de los hijos en este contexto bicultural presenta desafíos únicos. Es importante ayudarles a desarrollar una identidad cultural positiva que incorpore tanto su herencia latina como su realidad estadounidense. Esto puede incluir conversaciones abiertas sobre identidad, exposición a ambas culturas y apoyo en la navegación de posibles conflictos culturales.

Los valores familiares latinos, como el respeto por los mayores y la importancia de los lazos familiares extendidos, pueden mantenerse mientras se adaptan a la realidad estadounidense. Esto puede significar encontrar formas creativas de mantener conexiones familiares a pesar de la distancia o las diferentes expectativas culturales.

El proceso de adaptación es continuo y puede variar significativamente entre individuos y familias. Es importante ser paciente con uno mismo y reconocer que no existe una única forma correcta de navegar esta dualidad cultural. Cada persona y familia debe encontrar su propio equilibrio que funcione para su situación específica.

La tecnología puede ser una aliada importante en el mantenimiento de conexiones culturales. Las redes sociales, las aplicaciones de comunicación y las plataformas de streaming permiten mantener vínculos con familia y amigos en nuestros países de origen, así como acceder a contenido cultural latino desde cualquier lugar.

Finalmente, es importante recordar que nuestra identidad bicultural es una fuente de riqueza y fortaleza. La capacidad de navegar entre dos culturas, comprender diferentes perspectivas y adaptarse a diversos contextos es una habilidad valiosa en el mundo globalizado actual. Al mantener nuestras raíces mientras nos adaptamos a la vida en Estados Unidos, no solo preservamos nuestra herencia cultural sino que también contribuimos a la diversidad y riqueza de la sociedad estadounidense.

Construyendo Puentes Culturales

La construcción de puentes culturales entre la comunidad latina y la sociedad estadounidense es un proceso enriquecedor que beneficia a ambas partes. Este capítulo explora las estrategias y oportunidades para crear conexiones significativas que trascienden las diferencias culturales, fomentando un entendimiento mutuo más profundo y una sociedad más integrada.

El primer paso en la construcción de puentes culturales es reconocer que cada cultura tiene elementos valiosos que aportar. Los latinos traemos una rica herencia de tradiciones, valores familiares fuertes y una perspectiva única sobre la vida comunitaria. La cultura estadounidense, por su parte, ofrece una estructura social que valora la eficiencia, la innovación y las oportunidades individuales. La clave está en encontrar puntos de encuentro donde estas fortalezas puedan complementarse mutuamente.

Las instituciones educativas juegan un papel fundamental en este proceso. Las escuelas y universidades pueden servir como espacios naturales para el intercambio cultural, donde estudiantes de diferentes orígenes aprenden unos de otros. Los programas de intercambio cultural, los clubes estudiantiles latinos y las celebraciones multiculturales en las escuelas son ejemplos de cómo se pueden crear espacios de encuentro significativos.

El lugar de trabajo representa otra oportunidad importante para la construcción de puentes culturales. Los profesionales latinos pueden compartir perspectivas únicas sobre trabajo en equipo, resolución de problemas y servicio al cliente, mientras aprenden de las prácticas empresariales estadounidenses. La diversidad en el lugar de trabajo no solo beneficia a la empresa sino que también crea oportunidades para el entendimiento intercultural.

Los eventos comunitarios y festivales culturales son herramientas poderosas para acercar a las comunidades. Las celebraciones latinas como el Mes de la Herencia Hispana pueden servir como ventanas a nuestra cultura para los estadounidenses, mientras que la participación en eventos tradicionales estadounidenses nos permite comprender mejor su cultura. Estos intercambios culturales pueden incluir música, comida, arte y tradiciones, creando experiencias compartidas que trascienden las barreras lingüísticas y culturales.

La gastronomía ha demostrado ser uno de los puentes culturales más efectivos. La popularidad creciente de la cocina latina en Estados Unidos ha creado oportunidades para compartir no solo sabores sino también historias y tradiciones. Los restaurantes latinos, los mercados de agricultores y los eventos culinarios pueden servir como puntos de encuentro donde las personas de diferentes culturas se reúnen alrededor de la mesa.

El arte y la expresión creativa ofrecen otro camino para la construcción de puentes culturales. Los artistas latinos que incorporan elementos de ambas culturas en su trabajo pueden crear obras que resuenan con audiencias diversas. Los murales comunitarios, exposiciones de arte, performances y eventos musicales pueden servir como plataformas para el diálogo intercultural.

Las organizaciones sin fines de lucro y los grupos comunitarios juegan un papel crucial en la construcción de puentes culturales. Estas organizaciones pueden facilitar programas de mentoría, clases de idiomas, servicios de traducción y eventos culturales que ayudan a conectar a las comunidades. También pueden servir como defensores de políticas que promueven la inclusión y el entendimiento intercultural.

La tecnología y las redes sociales han creado nuevas oportunidades para la construcción de puentes culturales. Las plataformas digitales permiten compartir historias, experiencias y perspectivas con audiencias más amplias. Los blogs, podcasts y canales de YouTube bilingües pueden servir como espacios para el diálogo intercultural y la comprensión mutua.

LA CULTURA ESTADOUNIDENSE 213

El deporte y las actividades recreativas también pueden servir como puntos de encuentro naturales. Los equipos deportivos, las ligas comunitarias y los eventos deportivos pueden unir a personas de diferentes orígenes en torno a un objetivo común, creando oportunidades para la interacción y el entendimiento mutuo.

La religión y la espiritualidad pueden ser otro punto de conexión importante. Muchas congregaciones religiosas están trabajando activamente para crear servicios y programas bilingües que atienden a comunidades diversas. Estos espacios pueden servir como puntos de encuentro donde las personas pueden compartir valores y experiencias espirituales comunes.

Es importante reconocer que la construcción de puentes culturales requiere esfuerzo y compromiso de ambas partes. La disposición a escuchar, aprender y adaptarse es fundamental. Esto incluye estar abierto a nuevas perspectivas, ser paciente con las diferencias culturales y estar dispuesto a salir de nuestra zona de confort.

El papel de los "mediadores culturales" es crucial en este proceso. Estas son personas que, por su experiencia y comprensión de ambas culturas, pueden ayudar a facilitar el entendimiento mutuo. Pueden ser profesionales bilingües, educadores, líderes comunitarios o simplemente individuos que han navegado exitosamente entre ambas culturas.

La construcción de puentes culturales también implica abordar y desafiar los estereotipos y prejuicios que pueden existir en ambas comunidades. Esto requiere un diálogo honesto y respetuoso sobre las diferencias culturales, así como un esfuerzo consciente por reconocer y celebrar las similitudes que nos unen como seres humanos.

El éxito en la construcción de puentes culturales se puede medir no solo en términos de eventos y programas específicos, sino también en la creación de relaciones duraderas y significativas entre miembros de diferentes comunidades. Estas conexiones personales son las que verdaderamente transforman la forma en que las comunidades interactúan y se entienden mutuamente.

Finalmente, es importante recordar que la construcción de puentes culturales es un proceso continuo que requiere mantenimiento y renovación constante. Cada nueva generación trae sus propios desafíos y oportunidades para el entendimiento intercultural, y es nuestra responsabilidad continuar construyendo y fortaleciendo estos puentes para las generaciones futuras.

Recursos para Inmigrantes

Estados Unidos ofrece una amplia variedad de recursos y servicios diseñados específicamente para ayudar a los inmigrantes en su proceso de adaptación y desarrollo. Conocer y aprovechar estos recursos puede marcar una diferencia significativa en la calidad de vida y las oportunidades disponibles para los recién llegados y sus familias.

Las organizaciones sin fines de lucro son uno de los recursos más valiosos para la comunidad inmigrante. Estas organizaciones ofrecen servicios que van desde asesoría legal gratuita o de bajo costo hasta clases de inglés, ayuda para encontrar empleo y asistencia en la navegación del sistema de salud. Organizaciones como Catholic Charities, Lutheran Immigration and Refugee Services, y numerosas organizaciones locales específicas para la comunidad latina proporcionan apoyo integral a los inmigrantes en diferentes etapas de su proceso de adaptación.

Los centros comunitarios representan otro recurso fundamental. Estos espacios suelen ofrecer programas educativos, actividades recreativas y servicios sociales accesibles para toda la familia. Muchos centros comunitarios cuentan con personal bilingüe y programas específicamente diseñados para atender las necesidades de la comunidad hispana, incluyendo clases de ciudadanía, talleres de habilidades laborales y programas después de la escuela para niños.

El sistema de bibliotecas públicas es un recurso extraordinario y a menudo subutilizado. Las bibliotecas modernas van mucho más allá del préstamo de libros: ofrecen acceso gratuito a internet, computadoras, programas educativos, clubes de conversación en inglés, y recursos multilingües. Muchas bibliotecas también proporcionan servicios de preparación para el examen de ciudadanía, ayuda con tareas escolares y programas culturales que celebran la diversidad de la comunidad.

Las instituciones educativas, particularmente los colegios comunitarios, son centros importantes de recursos para inmigrantes.

Ofrecen programas de educación continua, clases de ESL (English as a Second Language), capacitación vocacional y programas de certificación profesional. Muchos colegios comunitarios también cuentan con centros de recursos para estudiantes internacionales y programas específicos para ayudar a los estudiantes inmigrantes a navegar el sistema educativo estadounidense.

Los departamentos de salud pública locales proporcionan servicios médicos preventivos y educación en salud accesible para familias inmigrantes. Estos servicios incluyen vacunaciones, exámenes de salud básicos, atención prenatal y programas de nutrición como WIC (Women, Infants, and Children). Muchos departamentos de salud cuentan con personal bilingüe y materiales educativos en español.

Las organizaciones religiosas, independientemente de la afiliación específica, a menudo sirven como centros de recursos importantes para la comunidad inmigrante. Además de apoyo espiritual, muchas iglesias y organizaciones religiosas ofrecen bancos de alimentos, asistencia para vivienda, programas de mentoria y redes de apoyo social que pueden ser invaluables para las familias recién llegadas.

Los recursos en línea y las aplicaciones móviles se han convertido en herramientas esenciales para los inmigrantes. Existen numerosas aplicaciones gratuitas para aprender inglés, prepararse para el examen de ciudadanía, encontrar servicios locales y conectarse con otros miembros de la comunidad latina. Sitios web gubernamentales como USCIS.gov ofrecen información oficial y recursos en español sobre inmigración, mientras que plataformas como Duolingo facilitan el aprendizaje del idioma.

Las organizaciones profesionales y cámaras de comercio hispanas pueden ser recursos valiosos para empresarios y profesionales inmigrantes. Estas organizaciones ofrecen oportunidades de networking, mentoria, desarrollo profesional y acceso a recursos empresariales. También pueden proporcionar información sobre

LA CULTURA ESTADOUNIDENSE   217

regulaciones comerciales, licencias y certificaciones necesarias para diferentes profesiones.

Los programas gubernamentales federales, estatales y locales ofrecen diversos servicios y apoyo para inmigrantes. Esto incluye programas de asistencia alimentaria como SNAP, seguro médico a través de Medicaid, y programas de vivienda asequible. Es importante conocer los requisitos de elegibilidad y cómo acceder a estos programas cuando se neccsiten.

Las clínicas legales y organizaciones de defensa de derechos de inmigrantes proporcionan servicios legales gratuitos o de bajo costo, información sobre derechos laborales y asistencia con trámites migratorios. Estas organizaciones también pueden ayudar a conectar a los inmigrantes con abogados de inmigración confiables cuando sea necesario.

Los centros de desarrollo infantil y programas Head Start ofrecen servicios educativos tempranos y cuidado infantil accesible para familias inmigrantes. Estos programas a menudo incluyen componentes bilingües y servicios de apoyo familiar que pueden ser especialmente beneficiosos para familias recién llegadas.

Las organizaciones de microcrédito y cooperativas de crédito orientadas a la comunidad latina pueden proporcionar acceso a servicios financieros básicos y préstamos para personas que están construyendo su historial crediticio en Estados Unidos. Estos recursos son particularmente importantes para empresarios y familias que buscan establecer una base financiera sólida.

Es fundamental recordar que la disponibilidad y los tipos de recursos pueden variar significativamente según la ubicación geográfica. Las áreas urbanas generalmente tienen más servicios disponibles, mientras que las comunidades rurales pueden tener recursos más limitados pero igualmente valiosos. La clave está en investigar activamente y conectarse con organizaciones locales que puedan proporcionar información sobre los recursos disponibles en cada área específica.

El acceso efectivo a estos recursos a menudo requiere superar barreras como el idioma, el transporte o el conocimiento limitado sobre su existencia. Por ello, es importante buscar activamente información, preguntar en la comunidad y no dudar en solicitar ayuda cuando sea necesario. La comunidad latina en Estados Unidos tiene una larga tradición de apoyo mutuo, y compartir información sobre recursos disponibles es una parte importante de esta tradición.

Éxito en la Nueva Cultura

El éxito en una nueva cultura no se mide únicamente por los logros materiales, sino por la capacidad de desarrollar una vida plena y satisfactoria mientras se navega entre dos mundos culturales distintos. Para los hispanoamericanos en Estados Unidos, alcanzar el éxito implica un delicado balance entre adaptación e identidad, entre aprendizaje y preservación.

Un elemento fundamental para el éxito en la cultura estadounidense es el dominio del inglés. Más allá de la capacidad básica de comunicación, alcanzar un nivel avanzado de inglés abre puertas profesionales, facilita conexiones sociales significativas y permite una participación más activa en la comunidad. Es importante reconocer que el proceso de aprendizaje del idioma es gradual y requiere paciencia, pero cada pequeño avance suma en el camino hacia el éxito.

La educación continua juega un papel crucial en la adaptación exitosa. Esto no se limita a la educación formal en instituciones académicas, sino que incluye la comprensión profunda de las normas sociales, las prácticas comerciales y los valores culturales estadounidenses. Mantenerse informado sobre las tendencias actuales, las nuevas tecnologías y los cambios en el mercado laboral permite mantener la competitividad y relevancia en un entorno dinámico.

El desarrollo de una red de contactos profesionales y personales es otro componente esencial del éxito. En la cultura estadounidense, el networking no es solo una herramienta para encontrar trabajo, sino una forma de crear conexiones significativas que pueden proporcionar apoyo, orientación y oportunidades. Es importante cultivar relaciones tanto dentro de la comunidad latina como en la sociedad estadounidense en general, creando así un puente entre ambas culturas.

La adaptabilidad y la resiliencia son características fundamentales para prosperar en un nuevo entorno cultural. Los inmigrantes exitosos desarrollan la capacidad de ajustarse a diferentes situaciones sin perder su esencia, aprenden a ver los desafíos como oportunidades de crecimiento y mantienen una actitud positiva frente a los obstáculos. Esta mentalidad resiliente permite superar las inevitables dificultades que surgen en el proceso de adaptación.

El éxito financiero en Estados Unidos requiere una comprensión profunda del sistema económico local. Esto incluye el manejo responsable del crédito, la planificación financiera a largo plazo, el ahorro para la jubilación y la inversión inteligente. Los hispanoamericanos exitosos aprenden a navegar el sistema bancario, desarrollan hábitos financieros saludables y toman decisiones informadas sobre sus finanzas personales.

La participación activa en la comunidad contribuye significativamente al éxito en la nueva cultura. Esto puede manifestarse a través del voluntariado, la participación en organizaciones comunitarias, o el involucramiento en actividades escolares de los hijos. Esta participación no solo enriquece la experiencia personal, sino que también ayuda a construir una reputación positiva y establecer raíces en la comunidad.

El equilibrio entre la vida profesional y personal es un aspecto crucial del éxito en la cultura estadounidense. Mientras que el trabajo duro es valorado, también lo es la capacidad de mantener relaciones familiares saludables, dedicar tiempo al desarrollo personal y disfrutar de actividades recreativas. Los inmigrantes exitosos aprenden a establecer límites saludables entre el trabajo y la vida personal.

La capacidad de adaptarse a los estilos de comunicación estadounidenses sin perder la calidez latina es otra clave del éxito. Esto implica aprender a ser más directo en la comunicación profesional mientras se mantiene la cortesía y el respeto característicos de la cultura hispana. También incluye la habilidad de cambiar entre diferentes registros de comunicación según el contexto.

El desarrollo profesional continuo es esencial para el éxito a largo plazo. Esto puede incluir la obtención de certificaciones profesionales, la actualización de habilidades técnicas, o la participación en programas de desarrollo de liderazgo. La disposición para aprender y crecer profesionalmente es altamente valorada en la cultura empresarial estadounidense.

El éxito también implica mantener una salud física y mental óptima. Esto incluye comprender y utilizar el sistema de salud estadounidense, mantener hábitos saludables y buscar apoyo profesional cuando sea necesario. El autocuidado no es un lujo sino una necesidad para mantener un rendimiento sostenible en todos los aspectos de la vida.

La capacidad de servir como puente cultural es otra característica de los hispanoamericanos exitosos. Esta habilidad permite aprovechar la riqueza de ambas culturas, facilitar la comprensión intercultural en entornos profesionales y personales, y crear valor único a través de la perspectiva bicultural.

El éxito en la nueva cultura también significa ser un modelo positivo para las generaciones futuras. Los hispanoamericanos exitosos frecuentemente se convierten en mentores, compartiendo sus experiencias y conocimientos con otros miembros de la comunidad, contribuyendo así al éxito colectivo de la comunidad latina en Estados Unidos.

La capacidad de mantener un sentido de identidad cultural mientras se abrazan aspectos positivos de la cultura estadounidense es fundamental para un éxito auténtico y sostenible. Esto no significa elegir entre una cultura u otra, sino crear una síntesis única que combine lo mejor de ambos mundos.

El éxito en la nueva cultura es un proceso continuo que requiere paciencia, perseverancia y una mentalidad de crecimiento constante. No se trata solo de alcanzar metas específicas, sino de construir una vida satisfactoria y significativa que honre tanto las raíces culturales como las nuevas oportunidades que ofrece Estados Unidos.

Don't miss out!

Visit the website below and you can sign up to receive emails whenever Elena Vega-Santos publishes a new book. There's no charge and no obligation.

https://books2read.com/r/B-A-KZKUC-KWBIF

BOOKS 2 READ

Connecting independent readers to independent writers.